A PERSPECTIVA DOS PROFISSIONAIS

Sombras – Insolação – Axonometria

Blucher

Gildo Montenegro
*Arquiteto, ex-professor do Curso de Arquitetura
da Universidade Federal de Pernambuco*

A PERSPECTIVA
DOS PROFISSIONAIS

Sombras – Insolação – Axonometria

2ª edição

A Perspectiva dos Profissionais: Sombras – Insolação – Axonometria
© 2010 Gildo Montenegro
2ª edição – 2010
6ª reimpressão – 2017
Editora Edgard Blücher Ltda.

Capa e contracapa (projeto e desenho):
Arq. Eduardo O. Bastos – Alagoas

Blucher

Rua Pedroso Alvarenga, 1245, 4º andar
04531-012 - São Paulo - SP - Brasil
Tel 55 11 3078-5366
editora@blucher.com.br
www.blucher.com.br

Segundo o Novo Acordo Ortográfico, conforme 5. ed. do
Vocabulário Ortográfico da Língua Portuguesa,
Academia Brasileira de Letras, março de 2009.

É proibida a reprodução total ou parcial por quaisquer
meios sem autorização escrita da editora

Todos os direitos reservados a Editora Edgard Blücher Ltda.

FICHA CATALOGRÁFICA

Montenegro, Gildo
  A perspectiva dos profissionais: Sombras –
Insolação – Axonometria / Gildo Montenegro
– 2ª ed. – São Paulo : Blucher, 2010.

  ISBN 978-85-212-0542-5

  1. Perspectiva I. Título

10-06168   CDD-742

Índice para catálogo sistemático:
  1. Perspectiva: Desenho   742

Conteúdo

	Apresentação	VII
Capítulo 1	O que é perspectiva	1
Capítulo 2	Tipos de projeções	17
Capítulo 3	Perspectiva cônica	19
Capítulo 4	Regras práticas	24
Capítulo 5	O processo dos arquitetos	29
Capítulo 6	O processo das 3 escalas	41
Capítulo 7	O processo dos medidores	51
Capítulo 8	Posições do observador	59
Capítulo 9	O círculo	69
Capítulo 10	Quadrículas	72
Capítulo 11	Retas e planos inclinados	75
Capítulo 12	Pontos medidores e de fuga reduzidos	78
Capítulo 13	O quadro inclinado	82
Capítulo 14	Sombras nas projeções ortogonais	88
Capítulo 15	Perspectiva das sombras	103
Capítulo 16	Reflexos	111
Capítulo 17	Fotomontagem	115
Capítulo 18	Perspectiva paralela	119
Capítulo 19	Insolação	127
Capítulo 20	Ação e decisão	143
Capítulo 21	História	149

	Livros recomendados	151
	Gráficos de insolação: Recife	152
	Brasília	153
	Rio de Janeiro	154
	Porto Alegre	155

Apresentação

São muitos os livros de Perspectiva. Este difere dos demais, em primeiro lugar, pelo fato de não demonstrar teoremas; em segundo lugar, o livro apela mais para o desenho do que para o texto: a linguagem gráfica deve bastar a si própria. Os textos, reduzidos ao essencial, estão associados ao desenho. Com isso, acabamos com aquela história de ler aqui e procurar a figura noutra página. Em compensação, o livro ficou com mais setas do que batalha indígena...

Nossa ideia é lembrar que a Perspectiva é um M E I O geométrico para chegar a um F I M: a representação artística. Uma volta às origens, pois a Perspectiva nasceu do estudo de suas aplicações no Teatro, na Arquitetura, na Pintura e na Escultura. Depois vieram os geômetras e, com eles, as abstrações.

Não podemos aceitar que o estudo da Perspectiva se faça a partir de abstrações que terminam aí mesmo, não levando, em geral, a coisa alguma. Para o estudioso da Geometria Pura pode ser agradável a análise de teorias. Mas o geômetra é exceção. A maioria das pessoas usa a Perspectiva como MEIO de representação gráfica: o desenhista, o arquiteto, o programador visual, o desenhista industrial, o publicitário, o cenarista, o pintor e outros profissionais. A estes, e a todos os que fazem a Perspectiva Aplicada, dedicamos este livro.

Para os que fazem a Ciência pela Ciência este livro servirá como ponto de partida para as abstrações. Afinal, não se pode fazer abstração a partir do nada!

Esperamos do leitor sua compreensão, para as inevitáveis falhas da obra humana, e sua crítica, para as necessárias correções.

Para a 2.ª edição: O que mudou aqui? Em primeiro lugar, o formato, que se tornou maior e com a medida vertical predominando. Daí os desenhos se tornaram mais legíveis e os textos tiveram sua tipografia aumentada. O capítulo dedicado às comparações entre diferentes traçados geométricos foi resumido e incluído no Capítulo 7. Modificação substancial ocorreu com o estudo da perspectiva com três fugas, que se tornou mais intuitiva e mais visual, como se poderá apreciar no Capítulo 13.

Gildo Montenegro

A perspectiva mostra as coisas como nós as vemos, com **TRÊS DIMENSÕES**, enquanto a **PLANTA** e a **FACHADA** são desenhos com **DUAS** dimensões, que podem ser medidas quando se conhece a **ESCALA** do desenho.

1. O que é perspectiva

As vistas e as plantas têm sempre duas dimensões: altura e largura ou largura e profundidade.

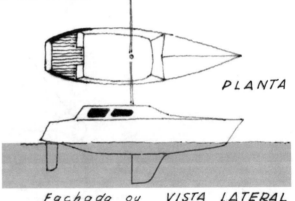

PLANTA

Fachada ou VISTA LATERAL

A **PERSPECTIVA** mostra os objetos como eles **APARECEM** à nossa vista, como um **VOLUME**, não como eles realmente são. A perspectiva dá a **VISÃO DE CONJUNTO** ou global do objeto, mas não podemos tomar medidas.

A perspectiva dos profissionais

Vamos começar com figuras simples: uma garrafa e sua caixa.

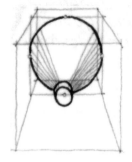

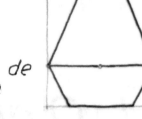

Vista de frente

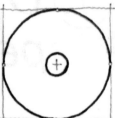

Vista de cima

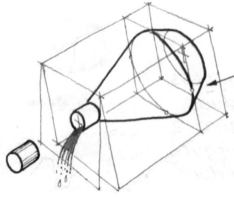

Pontos onde a garrafa toca na caixa.

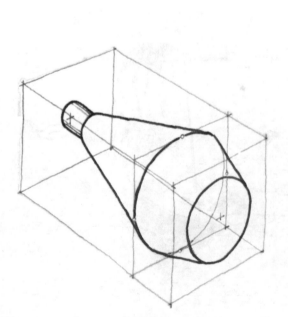

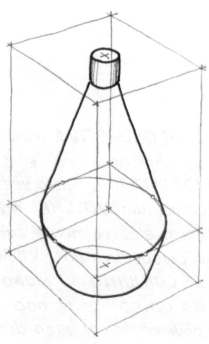

O que é perspectiva

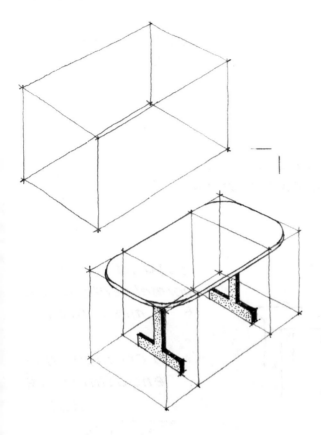

Os desenhos serão mais fáceis quando se começa traçando as **CAIXAS**

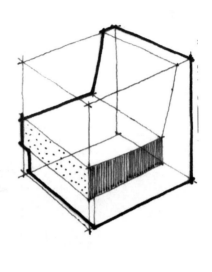

INSISTA! Pratique. Comece com figuras simples.

Com a caixa correta, a figura tende a ficar melhor.

A perspectiva dos profissionais

Para desenhar bem as caixas, é preciso conhecer a **LINHA DE HORIZONTE** ou L.H.

Do alto da escada, ← você vê a mesa.

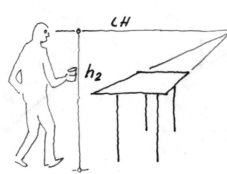

Estando em pé, normalmente, você vê ← a mesa assim.

A criança que engatinha vê isso:

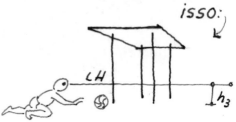

A altura do olho do observador modifica a figura. Ela indica a Linha de Horizonte, como em h_1, h_2, h_3.

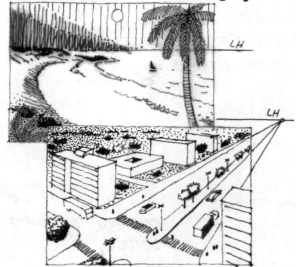

Numa paisagem ou na cidade,...

...em todos os casos, a LH está SEMPRE na altura do olho do observador.

O que é perspectiva

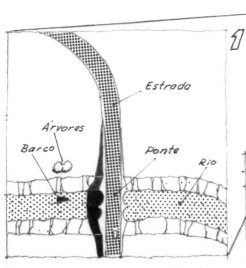

1 Vista de grande altura como na fotografia aérea, é quase uma PLANTA, com duas dimensões: não há perspectiva nem linha de horizonte.

Vista de um helicóptero, temos a chamada "perspectiva a voo de pássaro." →

2

3 O observador deitado na ponte vê:

O observador na margem do rio vê a ponte de baixo para cima: →
Nas figuras 2, 3 e 4 a linha de horizonte atravessa o desenho de um lado a outro.

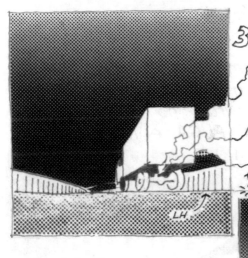

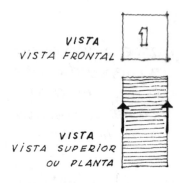

Uma caixa regular (prisma) apresenta arestas paralelas como as setas na ←figura.

O PONTO DE FUGA

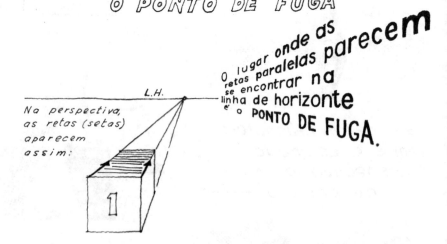

O lugar onde as retas paralelas parecem se encontrar na linha de horizonte é o PONTO DE FUGA.

Na perspectiva, as retas (setas) aparecem assim:

Se colocarmos outras caixas paralelas a esta, as linhas se encontrarão no mesmo PONTO DE FUGA e na L.H.

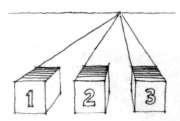

Nas avenidas, você vê as linhas dos edifícios e das ruas convergindo todas para o Ponto de Fuga.

O que é perspectiva

Cada conjunto de retas paralelas tem seu próprio Ponto de Fuga. Observe na planta...

... e na perspectiva.

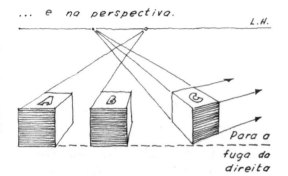

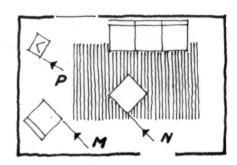

PLANTA

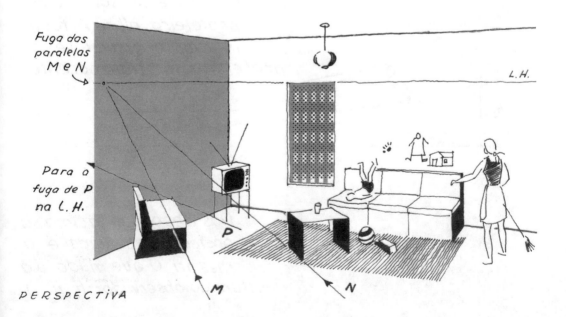

PERSPECTIVA

Um livro colocado sobre o piso tem sua face superior visível. ↓

A face superior do livro é visível.

O livro está sobre uma prateleira na mesma altura do olho do observador.

↖ *Nem a face superior nem a inferior são visíveis.*

O livro está sobre uma prateleira alta. A face inferior é visível se a prateleira for transparente.

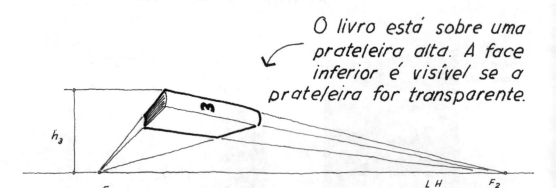

Nos desenhos acima a posição das fugas é a mesma. O que muda é a altura do observador: h_1, h_2, h_3.

O que é perspectiva

No postal da cidade há linhas CONVERGENTES: algumas para a direita, outras para a esquerda.

Com papel maior, podemos determinar os pontos de encontro das direções ou PONTOS DE FUGA: F_1 e F_2.

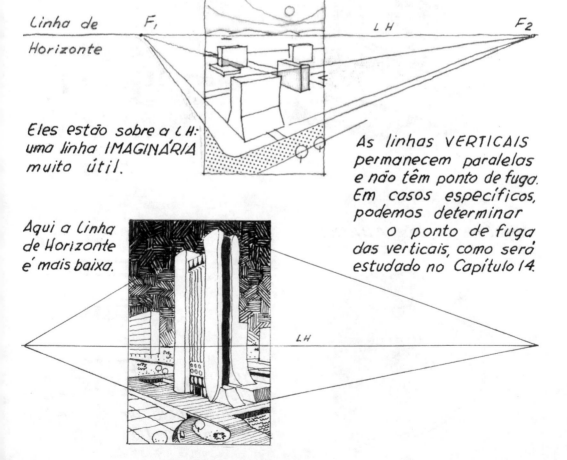

Linha de Horizonte F_1 L H F_2

Eles estão sobre a LH: uma linha IMAGINÁRIA muito útil.

As linhas VERTICAIS permanecem paralelas e não têm ponto de fuga. Em casos específicos, podemos determinar o ponto de fuga das verticais, como será estudado no Capítulo 14.

Aqui a Linha de Horizonte é mais baixa.

Objetos no alto são vistos acima da Linha de Horizonte.

Coisas vistas na Linha de Horizonte

Objetos vistos **ABAIXO** da Linha de Horizonte

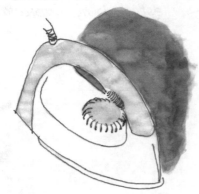

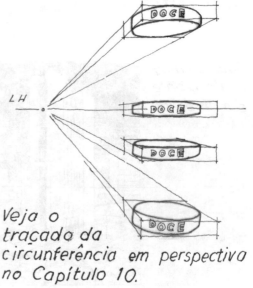

Veja o traçado da circunferência em perspectiva no Capítulo 10.

Como se faz uma
PERSPECTIVA DE INTERIOR?

Para começar, marque a L.H. e dois pontos de fuga não muito próximos.

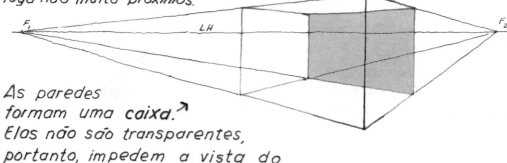

As paredes formam uma **caixa**. ↗
Elas não são transparentes, portanto, impedem a vista do interior. Apagando as paredes mais próximas, a sala aparece assim:
Completamos com "caixas" para armários, cama, mesa etc. ↓

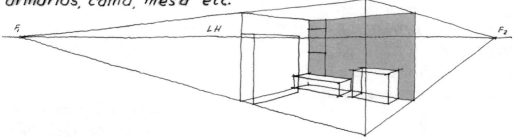

O desenho abaixo está ampliado, pronto para receber **ACABAMENTO** artístico.

Adiante você verá como marcar EXATAMENTE os pontos de fuga e as dimensões dos objetos.

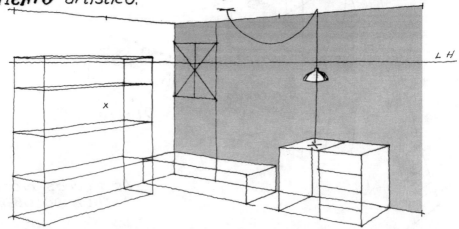

A palavra **PERSPECTIVA** significa *"VER ATRAVÉS DE..."*

Se você se colocar atrás de uma janela envidraçada e, sem se mover do lugar, riscar no vidro o que está **VENDO ATRAVÉS DA** janela, terá feito uma perspectiva.

O lugar onde você está é o **PONTO DE VISTA (P.V.)** e corresponde ao olho do observador.

O vidro da janela tem o nome de **QUADRO**. É o plano onde se desenha a perspectiva.

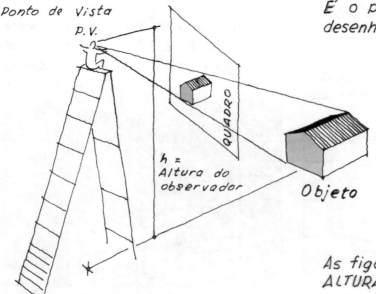

As figuras mostram a **ALTURA DO OBSERVADOR** ou **h**.

A Construção da Perspectiva

Voltamos à janela envidraçada; estamos bem no alto e, embaixo, sobre o terreno, estão uma caixa, a janela e o observador.

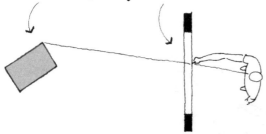

O raio visual é a reta que liga um ponto da caixa ao olho do observador.

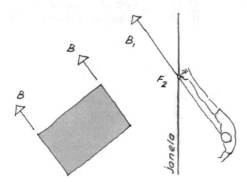

Para encontrar um ponto de fuga, o observador olha na direção B_1 - paralela ao lado B da caixa. O ponto de fuga está sobre a Linha de Horizonte.

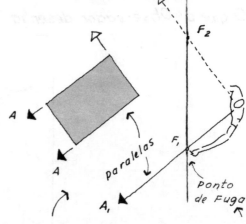

Em seguida, o observador olha na direção A_1 e encontra o segundo Ponto de Fuga ou F_1.

Os **PONTOS de FUGA** são obtidos por retas que passam pelo olho do observador na mesma direção dos lados do objeto.

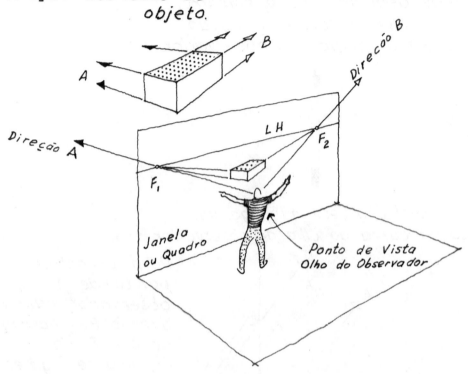

O que o Observador desenha:

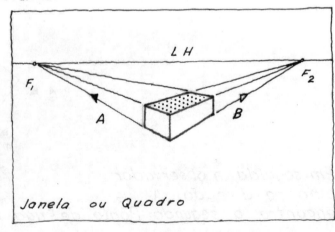

O que é perspectiva

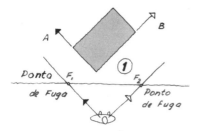

Se a caixa girar, as posições dos pontos de fuga serão alteradas.

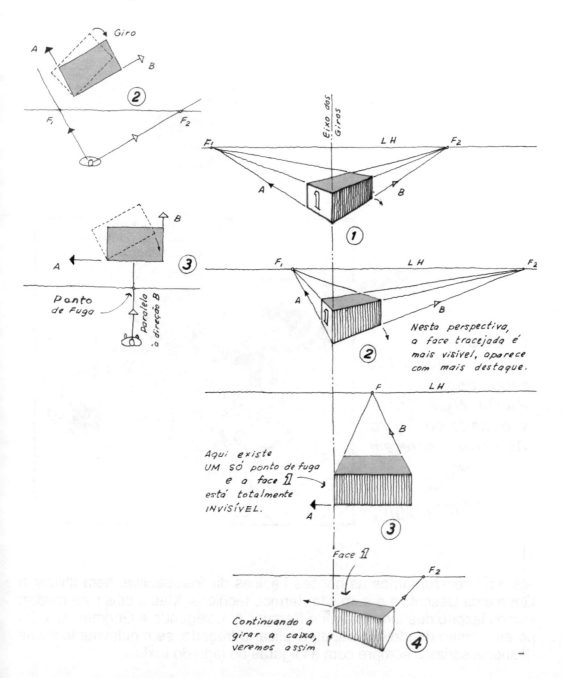

Os pontos de fuga devem ser colocados bastante AFASTADOS entre si e distantes da figura principal.

Errado! Aqui os pontos de fuga estão muito PRÓXIMOS entre si e perto da figura. As coisas aparecem DEFORMADAS, COMPRIMIDAS.

Até aqui apresentamos as noções básicas da Perspectiva, sem utilizar a Geometria Descritiva e sem citar termos técnicos. Mas a coisa vai mudar: vamos fazer o desenho exato da Perspectiva, segundo a Geometria; tudo, porém, dentro da ideia inicial de explicar o traçado, sem palavras técnicas desnecessárias e sempre com as figuras ao lado do texto.

Imagine que você segura um cartão exposto ao sol, de modo a formar sombra no piso. Podemos considerar o sol como fonte de luz a uma distância *infinita* (matematicamente a distância é conhecida, portanto, *finita*!) sendo os raios de luz paralelos entre si.

2. Tipos de projeções

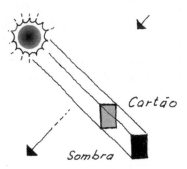

Generalizando: temos raios de luz e podemos dizer que o centro de projeções está no infinito.

A projeção ortogonal é um caso particular da projeção paralela. No exemplo acima, se os raios de luz forem paralelos ao piso, teremos a projeção ortogonal.

A representação usada nos desenhos de arquitetura, de móveis, de concreto armado, de topografia, de desenho mecânico e, em geral, quando se trabalha com medidas exatas, é uma aplicação da projeção ortogonal.

Vejamos outra situação: agora você está numa sala pouco iluminada e acende uma lâmpada diante do cartão. O cartão cria na parede uma área de sombra. Podemos dizer que a fonte de luz emite raios capazes de projetar a sombra do cartão sobre o plano da parede.

Em linguagem geométrica diremos: do centro de projeções (fonte de luz) partem as projetantes (raios de luz) que determinam a projeção (sombra) da figura sobre um plano. Este é o conceito de projeção cônica.

A fonte de luz é o centro de projeções, colocado a uma distância finita. O centro de projeções é o vértice de um CONE cujas geratrizes ou projetantes ligam o objeto à sua projeção (sombra).

A ideia da projeção cônica visualizada no exemplo da "fonte de luz – cartão – sombra" será agora generalizada. Na figura ao lado consideramos o centro de projeções correspondente ao olho do observador ou ponto de vista (o ponto O ou vértice do cone). O ponto A da figura no espaço projeta-se no plano vertical em A_1, ponto em que a projetante OA encontra e atravessa o plano transparente Q. O ponto A_1 é a PERSPECTIVA CÔNICA do ponto A no plano Q.

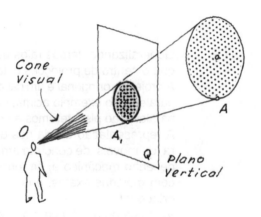

Esta é a *ideia fundamental* da perspectiva cônica a ser desenvolvida neste livro.

A projeção cônica é conhecida sob outros nomes:
- perspectiva cônica;
- projeção central;
- perspectiva central;
- perspectiva geométrica;
- perspectiva aérea;
- perspectiva linear;
- perspectiva de observação.

Em continuação, admitiremos conhecidas as noções de projeção ortogonal estudadas em Geometria Descritiva, assim como suas operações principais.

A palavra *perspectiva* deriva-se da expressão latina *perspicere* que significa "VER ATRAVÉS DE". É este o significado básico da perspectiva, ponto de partida para conceitos *abstratos*, que poderão ser estudados nos livros indicados adiante.

3. Perspectiva cônica

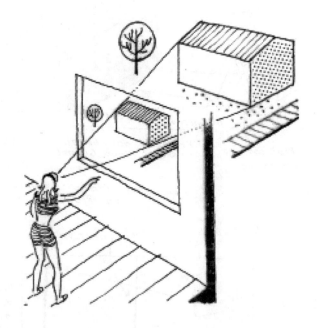

Aqui está, outra vez, a janela envidraçada e a pessoa que, dentro da sala, observa o exterior. Com um giz, ela vai desenhando no vidro os contornos daquilo que está "vendo através da" janela: uma árvore, uma casa, o passeio etc. Supõe-se o observador sem se mover da sua posição, tendo um dos olhos fechados e movimentando somente a mão com o giz. A perspectiva fica desenhada no vidro da janela.

A *perspectiva cônica* de um objeto de três dimensões é a sua projeção sobre um plano. Pode-se generalizar por meio da projeção, não sobre um plano, mas sobre uma superfície cilíndrica ou esférica ou sobre uma superfície geométrica qualquer. Alguns dos termos técnicos aqui reunidos já foram vistos no capítulo anterior.

1. PONTO DE VISTA, representado pelo olho do observador, é o centro das projeções.
2. QUADRO, representado pelo vidro da janela, é o plano onde é desenhada a perspectiva.
3. A reta que passa pelo ponto de vista e por cada um dos pontos do objeto (como B na figura) é uma projetante, ou VISUAL ou, ainda, um raio visual.

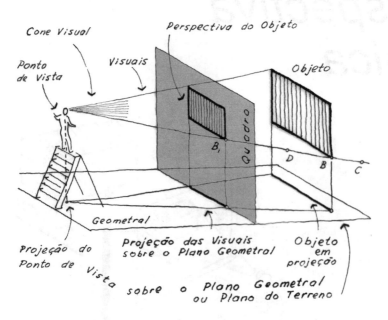

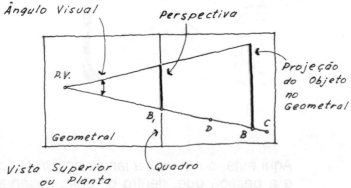

4. O ponto B_1 do quadro é a PERSPECTIVA do ponto B do objeto, isto é, B_1 é o ponto em que a projetante de B atravessa o quadro. O ponto B_1 é, também, a perspectiva dos pontos C, D, pertencentes à projetante ou visual B_1B.
5. O conjunto de todas as visuais de um objeto forma um ângulo sólido que se chama CONE VISUAL ou ângulo visual.
6. O plano horizontal de projeções usado na Geometria Descritiva tem na Perspectiva o nome de plano geometral ou, simplesmente, GEOMETRAL.

Precisamos, ainda, conhecer outros elementos da perspectiva.

Perspectiva cônica

7. O plano horizontal que contém o ponto de vista (P.V.) é o plano do horizonte ou P.H.
8. A interseção do plano horizontal com o quadro é a LINHA DO HORIZONTE ou L H.
9. VISUAL PRINCIPAL é o raio visual *perpendicular* ao quadro e passando pelo ponto de vista P.V. A interseção desta perpendicular com o quadro recebe o nome de PONTO PRINCIPAL ou P.P. O dito P.P. está *sempre* sobre a L H.
10. A distância do ponto de vista ao ponto principal (portanto ao quadro) é conhecida como DISTÂNCIA PRINCIPAL ou D.P.

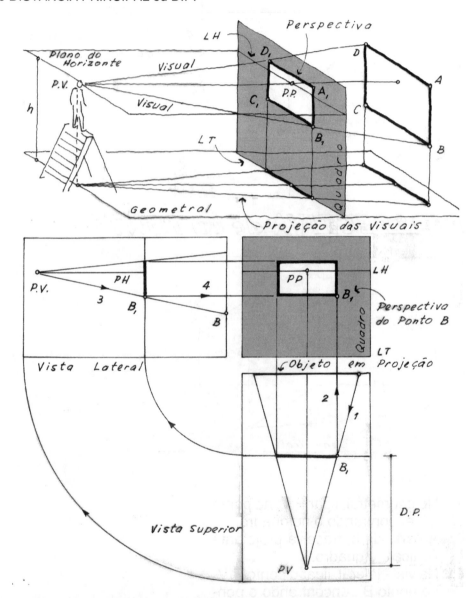

11. A interseção do quadro com o geometral é a LINHA DE TERRA ou L.T.
12. A cota ou altura que mede a distância do P. H. (plano do horizonte) ao geometral é a ALTURA DO OBSERVADOR ou h. Observe que h é igual à distância de L.T. a L H.

Dificilmente você consegue gravar todas estas definições AGORA e de uma só vez. Vá em frente e, sempre que tiver dúvida, volte a ler esta parte.

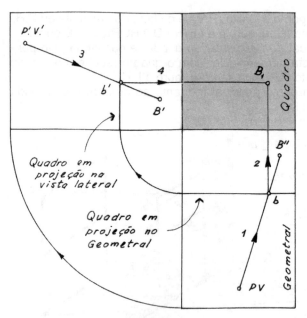

Vamos isolar, na figura anterior, o ponto B e a sua perspectiva. Os passos para obter a perspectiva podem ser acompanhados na projeção à esquerda ou na vista de conjunto.

PERSPECTIVA de um PONTO

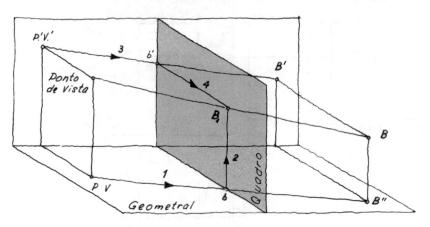

1. No geometral, ligar P.V. ao ponto B˝ encontrando b no quadro.
2. A partir de b, traçar a projetante vertical no quadro.
3. Na vista lateral, ligar o ponto P´V´ ao ponto B´, encontrando o ponto b´ no quadro.
4. Transportar a altura do ponto b´ para o quadro até encontrar a reta 2 no ponto B_1, que é a perspectiva de B.

O PONTO de FUGA

Vimos, no Capítulo 1, a existência do ponto de fuga. Agora veremos outro conceito, mais amplo do que o anterior. Seja uma reta AB pertencente ao plano geometral, portanto, uma reta horizontal, e admitamos que o ponto A pertence ao quadro. Assim, o ponto A é a sua própria perspectiva, pois os pontos do quadro são eles mesmos, sua própria perspectiva.

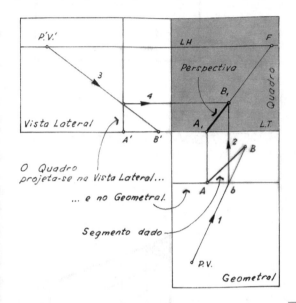

Baseado no fato de as retas horizontais terem sua fuga na Linha de Horizonte, o traçado se simplifica graças à eliminação da vista lateral.

O ponto B tem sua perspectiva obtida, como no exemplo anterior, em B1. Se passarmos por P´V´ o plano horizontal L.H. e prolongarmos a reta A1B1, encontraremos o ponto, limite, na perspectiva, da reta horizontal AB em F, ou seja, o ponto F é o ponto de fuga das direções paralelas a AB.

Dados:
    o segmento AB no geometral;
    a altura h do observador;
    o ponto de vista P.V.;
    a posição do quadro.

1. traçar, a partir do P.V., uma paralela à reta dada até encontrar o Quadro em m;
2. levantar o ponto obtido para LH, determinando F, que é o ponto de fuga da direção AB;
3. levar o ponto A para A_1 na LT;
4. traçar A_1F ou perspectiva da direção AB;
5. ligar o PV ao ponto B, encontrando no quadro o ponto b;
6. traçar a vertical até encontrar a reta A_1F, determinando A_1B_1 ou perspectiva de AB.

A utilização de DIAGONAIS simplifica o traçado da perspectiva.

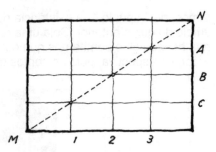

4. Regras práticas

↑ Aqui está a vista frontal de uma estante.

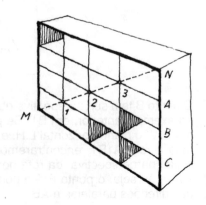

Na perspectiva, depois de desenhada a "**caixa**", traçamos as prateleiras **HORIZONTAIS** como A, B e C.

Agora, traçamos a diagonal MN, que corta as horizontais A, B, C nos pontos 1-2-3 por onde passam as verticais.

Nas páginas seguintes veremos outras aplicações dessas diagonais.

Regras práticas

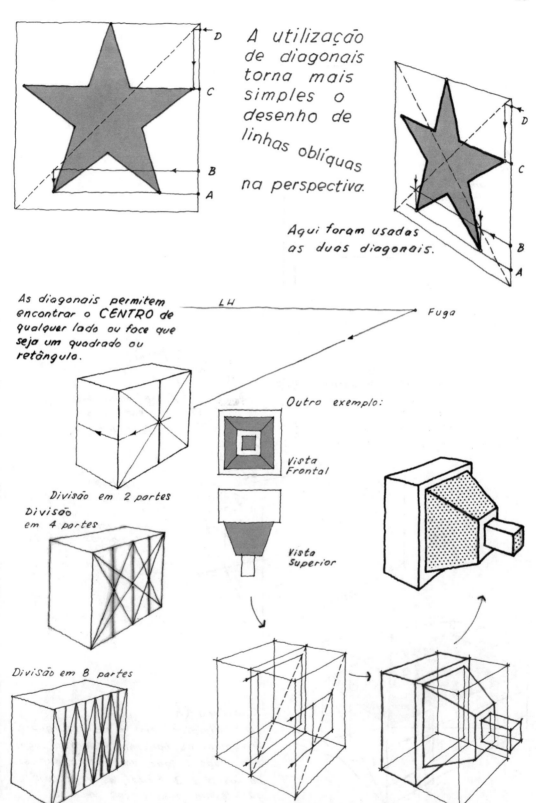

A utilização de diagonais torna mais simples o desenho de linhas oblíquas na perspectiva.

Aqui foram usadas as duas diagonais.

As diagonais permitem encontrar o CENTRO de qualquer lado ou face que seja um quadrado ou retângulo.

Divisão em 2 partes
Divisão em 4 partes
Divisão em 8 partes

Outro exemplo:
Vista Frontal
Vista Superior

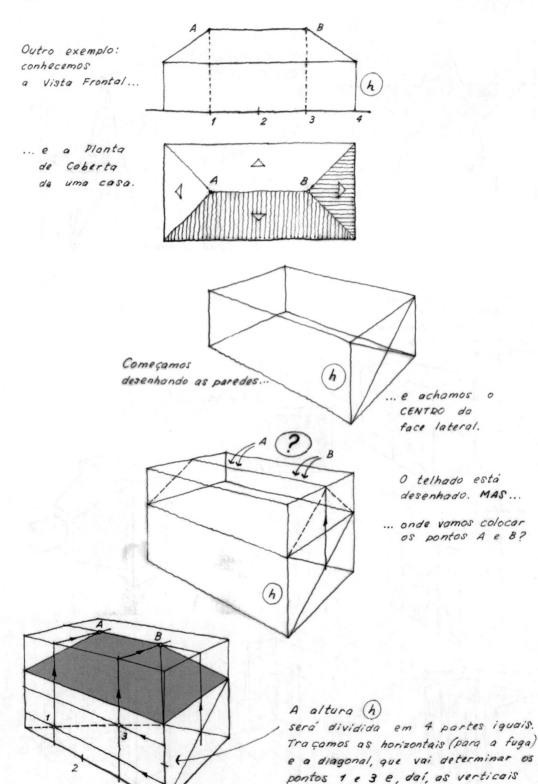

Regras práticas

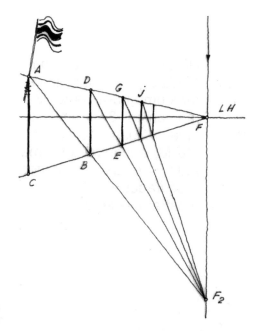

Na perspectiva estão desenhados os postes AC e DB.

Onde colocar os postes seguintes equidistantes destes?

- Traçamos uma vertical que passe pelo Ponto de Fuga.
- Prolongamos AB até esta vertical, obtendo o ponto F_2.
- Ligando D a F_2 encontramos o ponto E, base do 3º poste.
- Ligando G a F_2 encontramos a base do 4º poste.

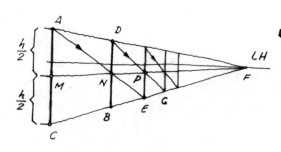

Outro processo

- Dividimos a vertical AC na metade da altura.
- Encontramos o ponto M que se liga à fuga.
- A diagonal AN determina o ponto do 3º poste.
- A diagonal DP determina o 4º poste ou G.

Onde houver repetição de elementos iguais, vale a pena aplicar o que ficou dito.

ALTERNATIVA:
Na 1ª figura poderíamos ligar C ao ponto D e obter um ponto F_3 — não desenhado ali — na parte superior da figura, semelhante a F_2.

Aqui precisamos dividir em **PARTES IGUAIS** um segmento já desenhado em perspectiva. Como dividir o segmento AM em 3 partes iguais?

Na extremidade A, a mais afastada da fuga, traçamos uma paralela a LH e marcamos 3 segmentos iguais. Ligando o ponto 3 até M, encontramos uma fuga F_1 e, daí, os pontos procurados B e C – como mostram as setas.

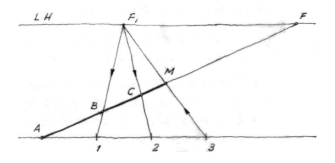

Figuras que tenham igual ALTURA e que estejam na mesma profundidade (ou distância) aparecem na perspectiva com a mesma ALTURA.

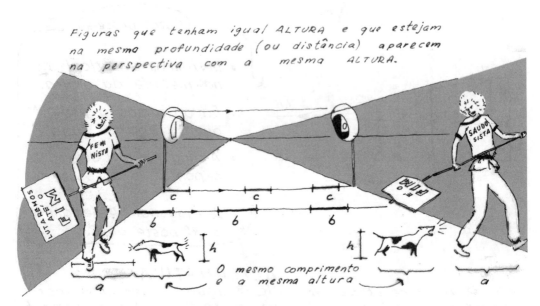

O mesmo comprimento e a mesma altura

Para colocar uma figura no **1º PLANO** – sem fazer o DESENHO COMPLETO – podemos usar uma parte para obter a proporção:
Duas retas partindo do ponto de fuga trazem parte da figura – a cabeça – para o 1º plano em AB.
Deslocamos AB para a direita...
 ... ou para a esquerda,
 ... ou para local ainda mais próximo, como CD.

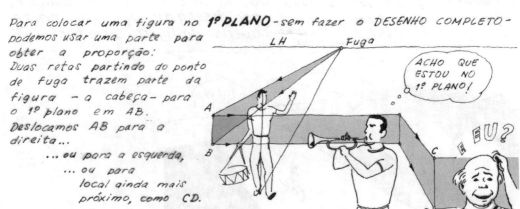

O traçado a ser apresentado é também conhecido com o nome de PROCESSO DAS PROJEÇÕES, porque utiliza DIRETAMENTE as projeções ou vistas das figuras.

⑤ O processo dos arquitetos

Há quem prefira chamar de PROCESSO DE IRRADIAÇÃO, porque o traçado é feito por meio de irradiação a partir do Ponto de Vista.

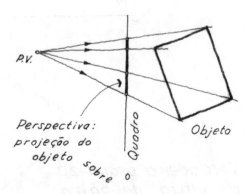

A apresentação inicial é feita para leitores pouco habituados à linguagem da Geometria Descritiva.

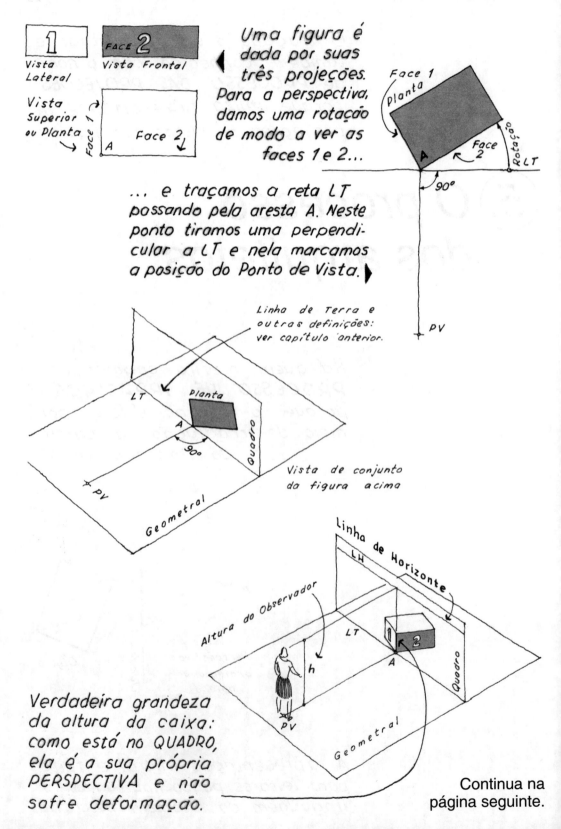

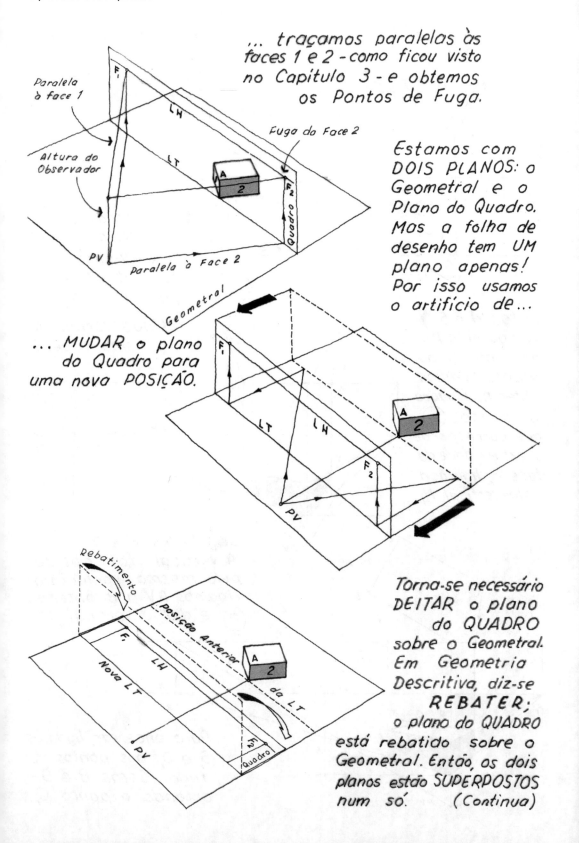

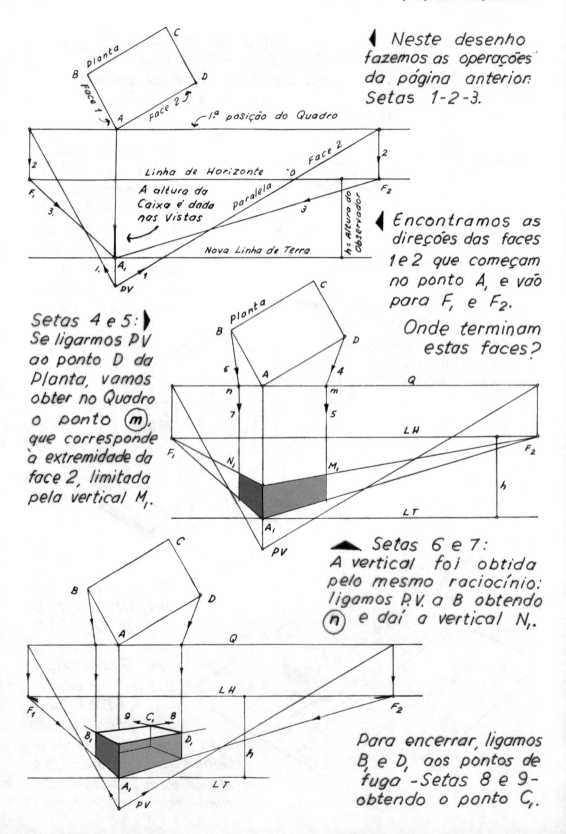

◀ Neste desenho fazemos as operações da página anterior. Setas 1-2-3.

◀ Encontramos as direções das faces 1 e 2 que começam no ponto A, e vão para F_1 e F_2.

Onde terminam estas faces?

Setas 4 e 5: ▶ Se ligarmos PV ao ponto D da Planta, vamos obter no Quadro o ponto ⓜ, que corresponde à extremidade da face 2, limitada pela vertical M_1.

▲ Setas 6 e 7: A vertical foi obtida pelo mesmo raciocínio: ligamos P.V. a B obtendo ⓝ e daí a vertical N_1.

Para encerrar, ligamos B_1 e D_1 aos pontos de fuga - Setas 8 e 9 - obtendo o ponto C_1.

Até aqui não orientamos quanto à colocação do ponto de vista ou P.V. O assunto será tratado no Capítulo 9; entretanto, será necessário antecipar alguns detalhes.

Nos desenhos anteriores colocamos o P.V. na posição que resultasse em MAIOR SIMPLICIDADE da apresentação. Mas isso não deve ser feito à toa! A colocação CLÁSSICA do ponto de vista é dada pela visual que passa pelo CENTRO GEOMÉTRICO do objeto.

A Distância Principal D.P. (Capítulo 3: está lembrado?) é – EM GERAL – igual a 1,5 até 2,5 vezes a maior dimensão do objeto, mas ...

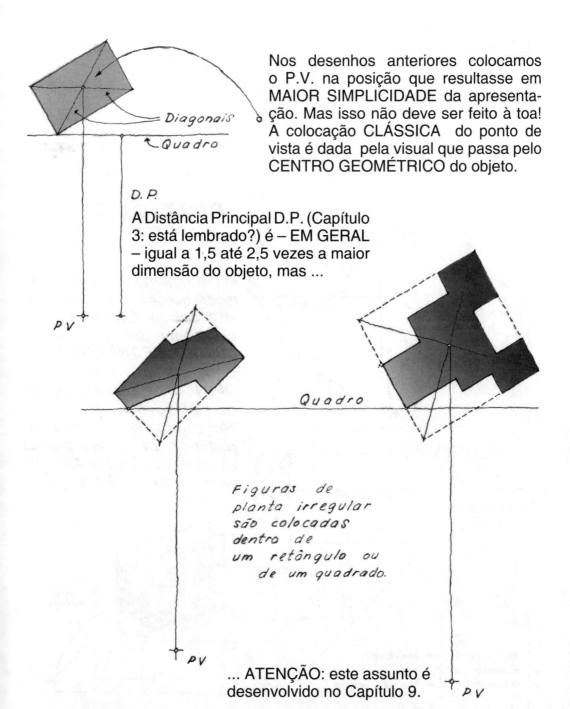

... ATENÇÃO: este assunto é desenvolvido no Capítulo 9.

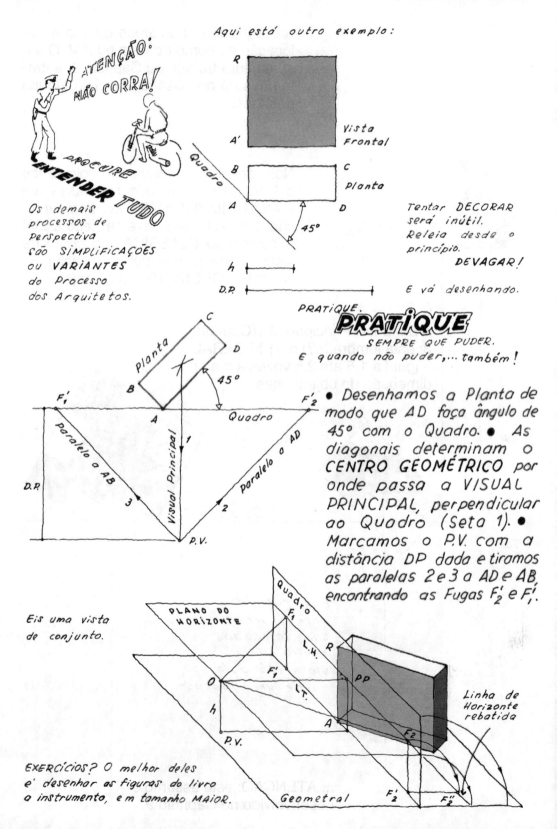

Teremos de rebater o QUADRO sobre o Geometral.

Juntamente com o Quadro serão rebatidos seus pontos e suas retas: os Pontos de Fuga F_1 e F_2 rebatem-se em F_1'' e F_2'' e a LH rebate-se em L_1H_1.

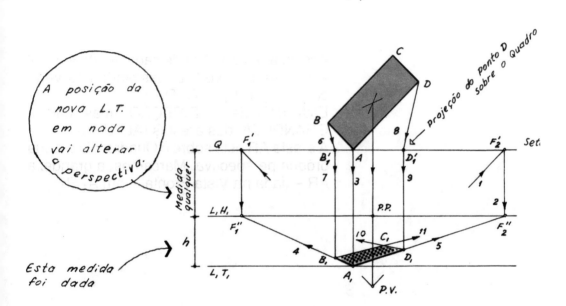

Entre o P.V. e o quadro, colocamos a L.T. A partir dela, medimos h – que foi dado – e traçamos L_1H_1.
Setas 1, 2 e 3 – Transportamos para L_1H_1 a posição das fugas F_1'' e F_2''. O ponto A está no quadro: ele é a sua própria perspectiva e levamos para LT, em A_1.
Seta 4 – $A_1 F_1''$ é a perspectiva da direção AB do Objeto.
Seta 5 – $A_1 F_2''$ é a perspectiva da direção AD.
6 e 7 – A reta que liga P. V. ao ponto B encontra o quadro no ponto B_1' – que levamos para a direção $A_1 F_1''$. Então, B_1 é a perspectiva de B ou, em outras palavras, B_1 é a projeção de B sobre o Quadro.
8 e 9 – Como obter D_1, perspectiva de D? Ligando D ao P.V., encontramos D_1' – projeção de D sobre o quadro – e levamos para a direção $A_1 F_2''$.
10 e 11 – Completemos a base: ligando D_1 à fuga F_1'' e B_1 a F_2'', teremos C_1 na interseção destas retas.
VERIFICAÇÃO: ligando C a P.V. encontraríamos no quadro um ponto pertencente à vertical que passa por C_1. Confirme!
Na prática, não se diferenciam os pontos $F_1 - F_1' - F_1''$.
Nos desenhos seguintes SIMPLIFICAREMOS!

Desenhada a planta ou base inferior $A_1 B_1 C_1 D_1$, falta a 3ª DIMENSÃO: a altura!

Neste exemplo, as alturas são retas VERTICAIS e, portanto, paralelas entre si e paralelas ao Quadro. Então, na Perspectiva, elas conservam o PARALELISMO.

Assim, a perspectiva de cada aresta vertical será uma reta vertical passando nos vértices da base $A_1 B_1 C_1 D_1$.
Está definida a DIREÇÃO, mas não a GRANDEZA das arestas (ALTURA).
A aresta AR está sobre o Quadro: ela é a sua própria perspectiva. Marcamos a grandeza AR – dada na Vista Frontal – em $A_1 R_1$.

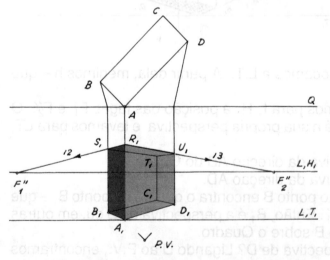

A aresta RS da base superior – paralela a AB da base inferior – concorre (ou foge), na perspectiva, para o ponto F_1''. Seta 12.

13 – Ligando R_1 a F_2'' obtemos a aresta $R_1 U_1$ da base superior (paralela a AD no Objeto).
Completamos o traçado da base superior com as arestas $S_1 T_1$ e $U_1 T_1$.

O processo dos arquitetos

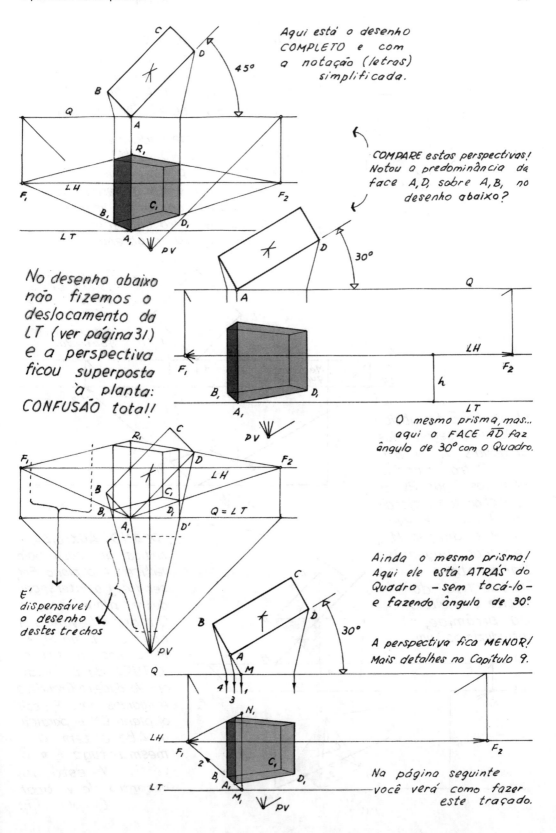

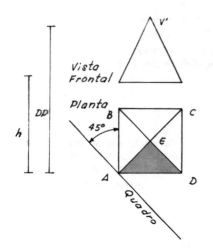

No último desenho da página anterior você viu um problema bastante FREQUENTE na perspectiva: A MARCAÇÃO DA ALTURA DE UMA ARESTA QUE ESTÁ FORA DO QUADRO.

Acontece que somente podemos marcar ALTURAS de retas NO QUADRO, a única posição na perspectiva onde elas se apresentam em sua Verdadeira Grandeza. Como sair desse impasse? Eis os dados para conhecer a solução desse problema.

A perspectiva da base (planta) é -EM TUDO- idêntica ao que já vimos fazendo.

O ponto E foi obtido pela interseção das diagonais A_1C_1 e BD_1.
Outra solução: Podemos ligar P.V. a E, achar sua projeção no Quadro e levar sobre a direção MF_1, sem usar diagonais. Para obter a perspectiva do vértice V ou altura da pirâmide, introduzimos um...

... PLANO AUXILIAR vertical que passe pelo vértice: é o plano EM, sendo M a interseção deste plano com o Quadro. • Levamos M para a L.T. em M_1 • Marcamos em $M_1 N_1$ a ALTURA da pirâmide em Verdadeira Grandeza e ligamos para F_1, pois o plano EM é paralelo a AB e tem a mesma fuga F_1. • O vértice V_1 está no encontro da vertical E_1 com $N_1 F_1$.

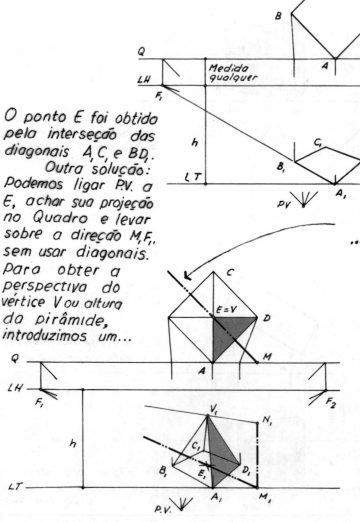

Nas perspectivas desta página podemos observar:

① A utilização do PLANO AUXILIAR M, apresentado na página anterior;

② A REDUÇÃO da perspectiva quando o objeto está ATRÁS do Quadro (∗);

③ A AMPLIAÇÃO da perspectiva quando o objeto está na FRENTE do quadro (∗)

(∗) Em relação ao Observador

A modificação da posição do objeto em relação ao quadro NÃO ALTERA o processo de construção apresentado.

As modificações e deformações aparentes nas perspectivas serão analisadas no Capítulo 9, onde se estudam as posições relativas do objeto, do quadro e do observador.

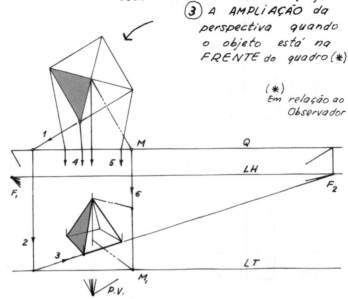

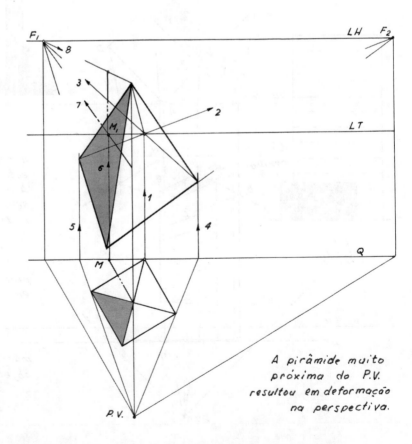

A pirâmide muito próxima do P.V. resultou em deformação na perspectiva.

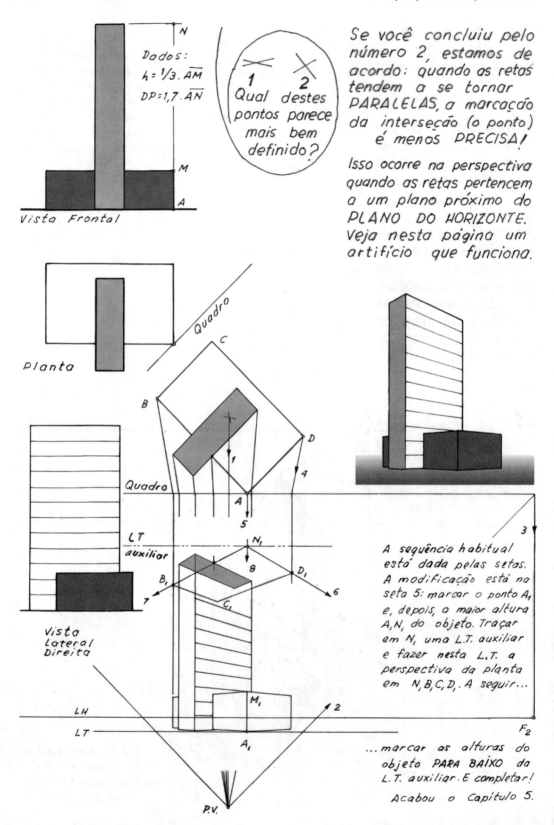

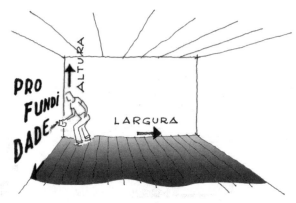

6. O processo das 3 escalas

Qual é a razão do nome "3 ESCALAS" ?

Neste desenho, tal como no espaço, percebemos a existência de 3 EIXOS que definem as medidas ou dimensões do ESPAÇO TRIDIMENSIONAL.

As medidas dos objetos são marcadas em ESCALA, portanto, 3 eixos ou 3 dimensões ou 3 ESCALAS.

Vimos, no Capítulo 3, que o CONE VISUAL limita no Quadro uma circunferência...

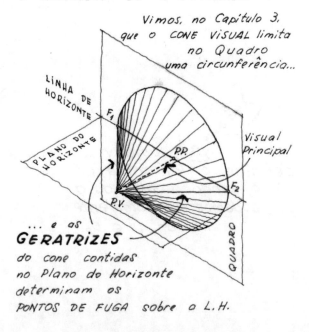

... e as **GERATRIZES** do cone contidas no Plano do Horizonte determinam os PONTOS DE FUGA sobre a L.H.

Desenhando no Geometral o objeto (abaixo: o quadrado ABEC), o Quadro, a D.P. e o CONE VISUAL de 90°, determinamos as fugas F_1 e F_2.

$\overline{AF_1} = \overline{AF_2} = D.P.$

O Cone Visual de 90° determina no Quadro os pontos D_1 e D_2 que são chamados de PONTOS DE DISTÂNCIA. No desenho acima, os Pontos de Distância e os de Fuga estão coincidindo, tal como na página 41.

Aqui, as direções principais AB e AC formam com o Quadro ângulo DIFERENTE de 45°. Os pontos de fuga estão em F_1 e F_2.

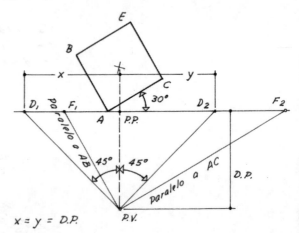

Por consequência, uma vez definido o P.P. sobre a L.H. e, sendo conhecida a D.P., podemos imediatamente marcar D_1 e D_2.

$x = y = D.P.$

Na página seguinte, uma perspectiva feita pelo processo das 3 ESCALAS - precedida pelo processo dos Arquitetos - deixa claro que estes processos têm muitas SEMELHANÇAS.

O processo das 3 escalas

O processo das 3 ESCALAS baseia-se na
construção de pontos definidos pela
            interseção de 2 retas:
1- A que vai para o Ponto Principal P.P.
2- A que vai para o PONTO de DISTÂNCIA.

Por exemplo:
    No plano Geometral
    está o quadrado ABEC
              Planta →
    Visual Principal a ⅓ de $\overline{AC}$

$DP = 2 \cdot \overline{AC}$

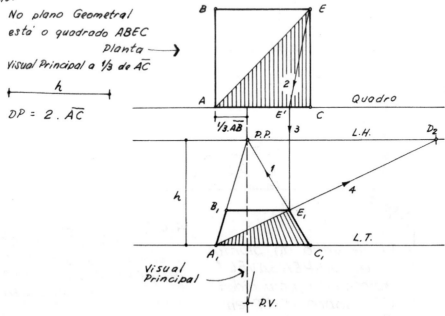

Pelo PROCESSO DOS ARQUITETOS:
A_1C_1 é a perspectiva de $\overline{AC}$, que
pertence ao Quadro e não se deforma.

A perspectiva de $\overline{CE}$ está sobre o
eixo que vai de C_1 até o P.P. (seta 1).

Com a reta que liga P.V. a E (seta 2),
projetamos E em E' no Quadro e
levamos para E_1 (seta 3) obtendo $\overline{C_1 E_1}$.

$\overline{B_1 E_1}$ será paralela a $\overline{A_1 C_1}$.

        No mesmo desenho, pelo
            PROCESSO DAS 3 ESCALAS...

... marcamos D_2 na L.H., sendo P.P.-D_2 = D.P. (dado).
Ligamos C_1 ao P.P. (seta 1) e,
depois, A_1 a D_2 encontrando E_1 (seta 4) no
                eixo C_1-P.P.
Traçamos $B_1 E_1$ paralela a $A_1 C_1$.

Ao simplificarmos o traçado, a construção fica mais visível.

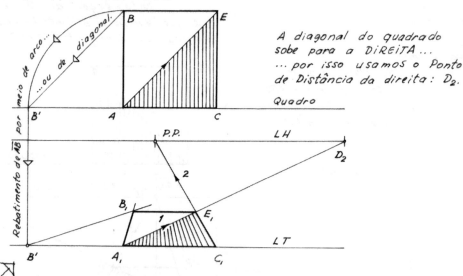

O desenho da planta é DISPENSÁVEL! Marcando a profundidade CE sobre a LT em C₁A₁ encontramos a perspectiva de CE.

A,C,E, é a perspectiva do triângulo ACE...
... ou - na linguagem da Geometria Descritiva - A,C,E, é a PROJEÇÃO de ACE sobre o Quadro.

Observe que após medir A₁C₁ sobre a LT, uma extremidade A₁ é ligada a D₂ (seta 1, acima) e a outra extremidade C₁ é ligada ao Ponto de Distância (seta 2).

Como usar o Ponto de Distância da ESQUERDA?

ALTERNATIVA: Podemos marcar A₁B' (profundidade) na L.T. e ligar para D₂, obtendo B₁ no eixo A₁-P.P.

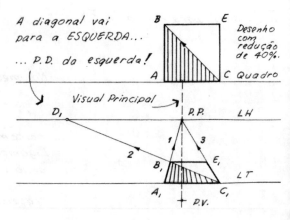

O processo das 3 escalas

Relembrando:
A distância do Ponto Principal P.P. ao Ponto de Distância (D_1 ou D_2) é igual à Distância Principal D.P. ...

portanto, uma vez definida a Visual Principal, temos na L.H. o P.P. e os pontos de distância D_1 e D_2.

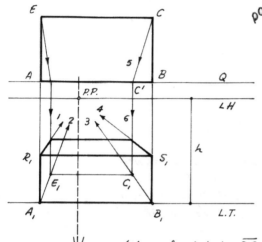

P.V. { A profundidade $\overline{BC}$ é obtida projetando o ponto C no Quadro (seta 5) em C' e levando para C_1 no eixo B_1C_1·P.P.(seta 6).

Pelo Processo dos Arquitetos
(para comparação)

Aplicação: Fazer a perspectiva de um prisma

Dados:
Visual Principal a 1/3 de AB
|——— h ——•——|
Quadro na Face ABSR

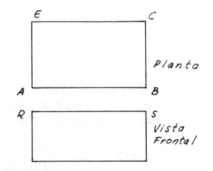

Nos dois desenhos:
A face frontal está sobre o Quadro, portanto, em sua Verdadeira Grandeza. De seus vértices A_1-$B_1$$S_1$-R, partem retas que convergem para o P.P. (Fuga das direções AE e BC, perpendiculares ao Quadro): Setas 1 a 4.

Pelo processo das 3 escalas:

Rebatemos (5) $\overline{AE}$ sobre o Quadro...

... e levamos até a L.T.(6). Ligamos E' a D_2 e obtemos E_1(7). Completamos a base com E_1C_1 paralela a L.T. e desenhamos a face posterior.

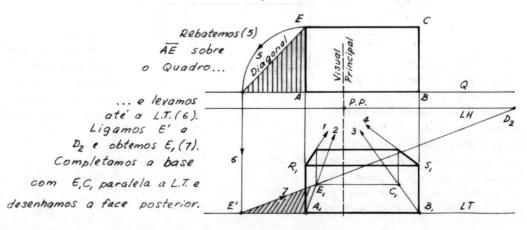

A utilização de diagonais e de Pontos de Distância caracteriza o PROCESSO DAS 3 ESCALAS.

Veja neste exemplo:
Perspectiva da mesma figura da página anterior com novos DADOS.

DP = 2,2 × $\overline{AB}$

├──── h ────┤

Quadro passando na face ECSR, isto é, o objeto está NA FRENTE do Quadro!
A Visual Principal passa a ⅓ de $\overline{AB}$.

Escolhida a diagonal que vai para a ESQUERDA. Portanto, usamos o P.D. da esquerda: D₁.

Deixamos espaço para você desenhar com o P.D. da direita.

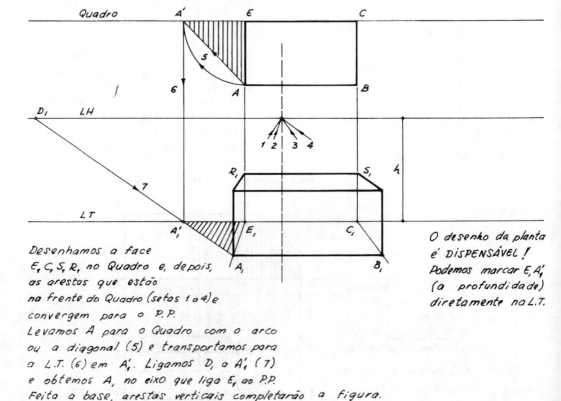

Desenhamos a face E, C, S, R, no Quadro e, depois, as arestas que estão na frente do Quadro (setas 1 a 4) e convergem para o P.P.
Levamos A para o Quadro com o arco ou a diagonal (5) e transportamos para a L.T. (6) em A'₁. Ligamos D₁ a A'₁ (7) e obtemos A₁ no eixo que liga E₁ ao P.P.
Feita a base, arestas verticais completarão a figura.

O desenho da planta é DISPENSÁVEL!
Podemos marcar E₁A'₁ (a profundidade) diretamente na L.T.

O processo das 3 escalas

O traçado da perspectiva pelo processo das 3 escalas é MAIS CÔMODO quando a figura tem uma face PARALELA ao Quadro.

Mas o processo pode ser usado para as figuras OBLÍQUAS em relação ao Quadro.

Eis os dados para um exemplo:

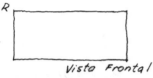
Vista Frontal

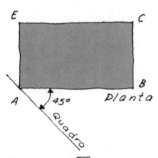
Planta

$DP = 1,7 \times \overline{AB}$
$h = 2 . \overline{EA}$
Marcação CLÁSSICA da Visual Principal: pag. 33

As medidas no Eixo de Profundidades são rebatidas para o Quadro por "diagonais" (✱) dirigidas para a esquerda.

(✱) Na verdade, retas inclinadas a 45° ou arcos de circunferência.

Cada vértice tem ordenadas ou PROJEÇÕES nos 2 eixos:
Ponto B: b no eixo de LARGURAS - Seta 1.
b' no eixo de PROFUNDIDADES - Seta 2.

Ponto E: Largura = 0 (zero)
Profundidade = Ele mesmo

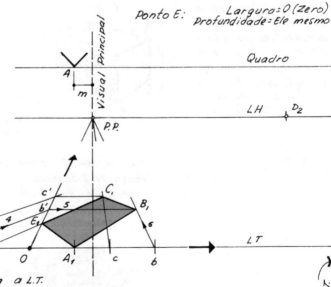

Transportamos para a L.T. os pontos do Eixo de Larguras: c'_1 - b'_1 - e'_1 -...

Traçamos o Eixo de Profundidades de O para P.P. e as direções Cc e Bb em perspectiva:
c·P.P. e b·P.P.

O ponto B, é dado pelo encontro das retas 5 e 6:
Reta 6 - Liga b ao P.P.
Reta 5 - A diagonal 4, que liga b'_1 a D_2, define b' no Eixo de Profundidades e segue paralelamente à L.T.

Na página anterior,

←

o ponto E_1 está sobre o eixo de Profundidades, definido pela reta $e'_1 D_2$.

O ponto C_1 será definido da mesma maneira que B_1.

Temos a base.

Restam por definir as alturas das arestas laterais.

Elas serão marcadas no Eixo de ALTURAS.

A Verdadeira Grandeza está em OR, que levamos para o P.P.

A vertical traçada a partir de b' dá a perspectiva da altura de B_1 na reta que liga R_1 a P.P. em b'_2 e, daí, para B'_2. Fazemos o mesmo nos demais vértices.

CONFIRA!
As retas $A_1 B_1$ e $E_1 C_1$ convergem para o ponto F_2 — que coincide com o D_2 — por serem retas fazendo 45° com o Quadro. $A_1 E_1$ e $B_1 C_1$ convergem para $F_1 = D_1$.

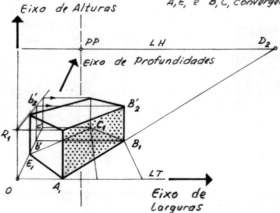

Não é RARO acontecer que o Ponto de Distância e a marcação de Profundidades sobre a L.T. CAIAM FORA da prancheta.

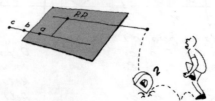

O QUE FAZER? *para evitar isso?*

Na página seguinte repetimos a construção do ponto B_1 e mostramos um ARTIFÍCIO usado para tais casos.

O processo das 3 escalas

PONTOS DE DISTÂNCIA REDUZIDOS

A figura abaixo mostra a construção habitual e o ARTIFÍCIO para evitar pontos FORA DA PRANCHETA:

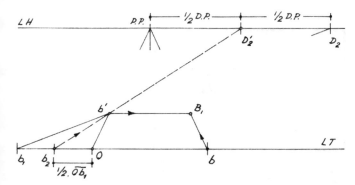

Com Pontos de Distância REDUZIDOS:
1 - Marcar na L.H. a metade da Distância Principal $D.P.$, obtendo D'_2.
2 - Marcar na L.T. a metade da profundidade do ponto: $\overline{Ob_2} = 1/2 \cdot \overline{Ob_1}$
3 - A reta $D'_2 b_2$ determina o ponto b', que se leva para B_1 sobre a reta b-$P.P.$

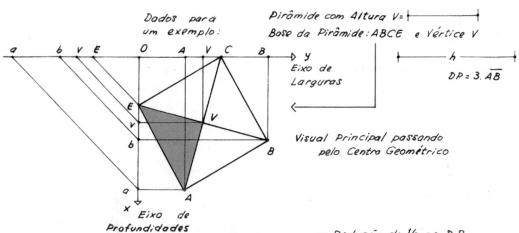

Dados para um exemplo:

Pirâmide com Altura V=
Base da Pirâmide: ABCE e Vértice V

$DP = 3 \cdot \overline{AB}$

Visual Principal passando pelo Centro Geométrico

ATENÇÃO:

A REDUÇÃO pode ser feita para qualquer proporção - $1/2$ - $1/3$ - $1/4$ - desde que seja a mesma para o Ponto de Distância e para as Profundidades. CUIDADO! As larguras e as alturas não sofrem alteração.

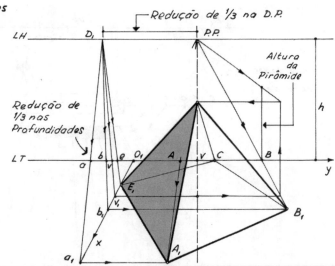

Redução de 1/3 na D.P.
Altura da Pirâmide
Redução de 1/3 nas Profundidades

A perspectiva dos profissionais

O processo das **3 ESCALAS** é muito usado nas perspectivas de interiores.

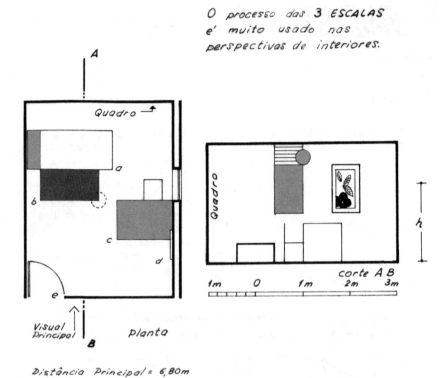

Distância Principal = 6,80m

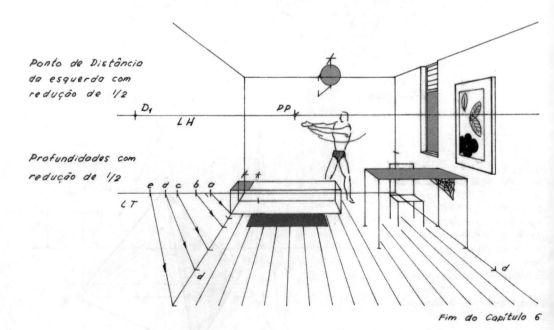

Ponto de Distância da esquerda com redução de 1/2

Profundidades com redução de 1/2

Fim do Capítulo 6

E´ também conhecido com o nome de "processo de isometria". É de autoria do Professor Gastão Bahiana, do Rio de Janeiro, que divulgou, em 1927, um estudo completo. No entanto, o nome do autor é omitido na maioria dos livros de Perspectiva.

⑦ O processo dos medidores

O processo dos Pontos Medidores ou, simplesmente, Processo dos Medidores é uma VARIANTE do processo das Três Escalas (coisa que de forma alguma diminui o mérito do descobridor) e, como este, dispensa o desenho do objeto no geometral. Entretanto, na apresentação inicial do assunto, usaremos o plano geometral e o processo dos arquitetos, com o objetivo de melhor visualizar o raciocínio, tal como fizemos para explicar o processo das Três Escalas.

Pelo Processo dos Arquitetos, a perspectiva
das direções $\overline{AB}$ e $\overline{AC}$, dadas no Geometral,
é feita assim:

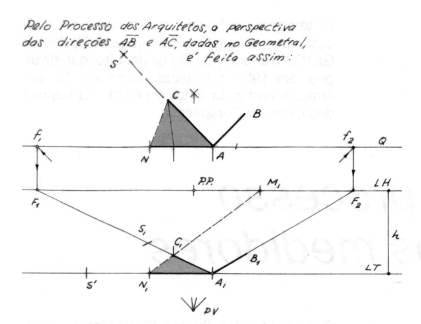

O ângulo NAC
- dado no Plano Geometral - tem
por perspectiva o ângulo $N_1A_1C_1$.
Em outras palavras: A_1C_1 é a
perspectiva de AC e $\overline{AN} = \overline{AC}$.

Ligando N_1 ao ponto C_1
encontraremos na L.H. o ponto M_1:
ele é o ponto de isometria ou
PONTO MEDIDOR da direção AC,
que na perspectiva tem por fuga F_1.

O Professor Gastão Bahiana demonstrou
que há um LUGAR GEOMÉTRICO entre
os segmentos medidos no Quadro - $A_1\overline{N_1}$-$\overline{N_1S_1}$'-
e a sua perspectiva - $\overline{A_1C_1}$ - $\overline{C_1S_1}$, - sobre uma
direção ou eixo. Assim, M_1 é o
PONTO MEDIDOR da direção F_1 ou AC.

O mesmo raciocínio
se aplica à direção AB,
com fuga F_2, determinando
o Ponto Medidor M_2
desta direção.
No desenho desta página
podemos determinar M_2
com bem poucos traços!

VERIFIQUE: Se fizermos $\overline{N_1S_1}' = \overline{AC} = \overline{CS}$ e ligarmos S' a M_1
encontraremos sobre o eixo A_1C_1 a
perspectiva S_1 do ponto S.

Na prática, fazemos a determinação dos Pontos Medidores por processo simples e imediato:

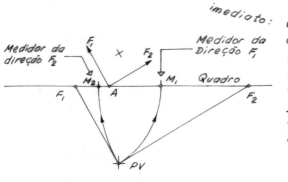

Os eixos ou direções dominantes da planta são desenhados no Geometral, juntamente com o Quadro, o P.V. e as fugas. Depois,...

...com o centro do arco em F_2 e raio igual a $\overline{F_2 \cdot P.V.}$, traçamos o arco que determina M_2 sobre o Quadro. Com centro na fuga F_1 e raio $\overline{F_1 \cdot P.V.}$, encontramos M_1. Os pontos F_1-F_2-M_1-M_2 serão levados para a L.H.

Ao transportar para a L.H. os pontos obtidos no Quadro, usamos como ponto de partida:
1 - O ponto A que pertence à L.T. ou...

2 - O encontro da Visual Principal com o Quadro, isto é, o P.P. na L.H.

Nas perspectivas de projetos de Arquitetura costuma-se usar a planta de LOCAÇÃO, que é feita - em geral - na escala de 1:200 - 1:500 ou 1:1000.

O professor Gastão Bahiana, em seu estudo, apresenta uma tabela com a determinação dos pontos de fuga e dos medidores para diversas posições das direções dominantes (eixos) em relação ao quadro. A determinação analítica é mais exata do que o processo gráfico (diagrama) que apresentamos; na prática profissional, entretanto, o diagrama que recomendamos satisfaz plenamente às necessidades de precisão no desenho.

No Capítulo 12 estudaremos a chamada redução dos pontos medidores, análoga à dos pontos de distância apresentada no capítulo anterior.

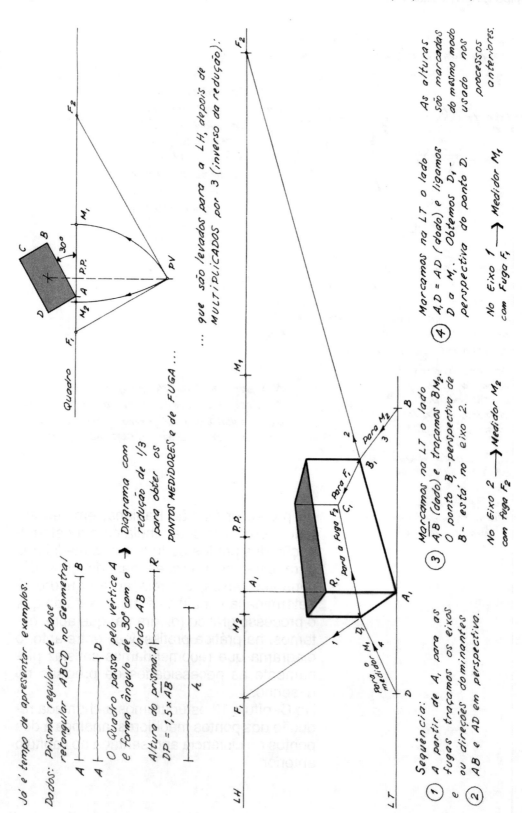

O processo dos medidores

DOIS LEMBRETES

1 O Ponto de Distância – estudado no capítulo anterior – é um CASO PARTICULAR do Ponto Medidor, quando os eixos fazem ângulo de 45° com o Quadro.

2 Os Pontos Medidores são usados exclusivamente para obter PONTOS sobre direções já desenhadas em perspectiva. Nunca, de modo algum, para obter direções: as direções (eixos) vão sempre para os pontos de fuga!

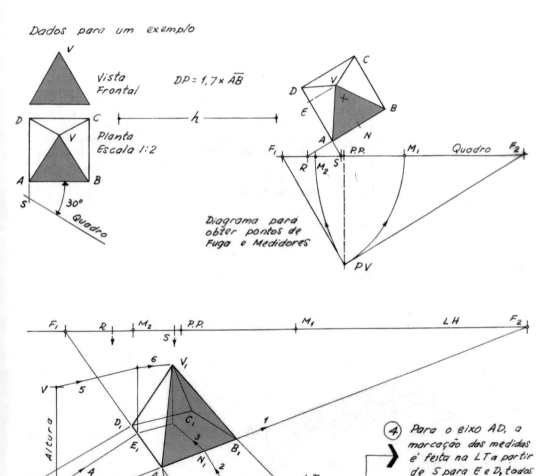

Dados para um exemplo

Vista Frontal — $DP = 1,7 \times \overline{AB}$

Planta Escala 1:2

Diagrama para obter pontos de Fuga e Medidores

① Traçamos o eixo AB a partir de R para F_2. Na LT marcamos $\overline{RA}$, $\overline{RN}$ e $\overline{RB}$ – lidos no diagrama – e multiplicados por 2.

② Ligamos A, N e B para M_2 – medidor da direção AB,...

③ ... obtendo A_1, N_1 e B_1 que ligamos para F_1.

④ Para o eixo AD, a marcação das medidas é feita na LT a partir de S para E e D, todos obtidos no diagrama. Temos as perspectivas E_1 e D_1 sobre o eixo SF_1 com o medidor M_1.

⑤ A altura é marcada em $\overline{EV}$ e levada para M_1 até E, e, daí, para

⑥ a fuga F_2 até V_1.

A perspectiva dos profissionais

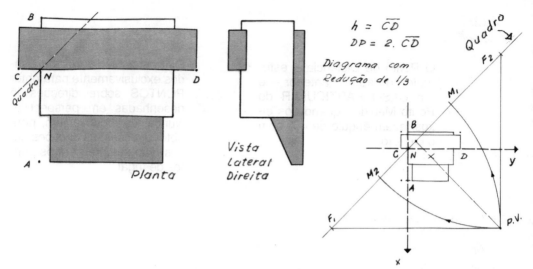

$h = \overline{CD}$
$DP = 2 \cdot \overline{CD}$

Diagrama com
Redução de 1/3

Planta

Vista Lateral Direita

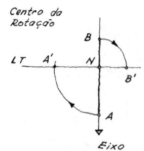

Centro da Rotação

Eixo

Aqui aparecem pontos na frente e atrás do Quadro, respectivamente, A e B no eixo dos X. A marcação de medidas na L.T. é feita considerando uma ROTAÇÃO de AB (eixo X) em torno de seu ponto N, que está sobre o Quadro. No eixo dos Y ocorre, também, a rotação do segmento CD em torno de N, até que venha colocar-se sobre a L.T.

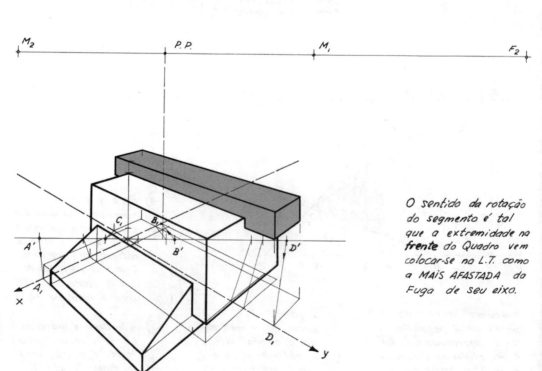

O sentido da rotação do segmento é tal que a extremidade na **frente** do Quadro vem colocar-se na L.T. como a MAIS AFASTADA da Fuga de seu eixo.

COMPARAÇÕES E SEGREDOS

Não é fácil comparar coisas diferentes, entretanto o desenhista que vai aplicar seus conhecimentos de Perspectiva deve ser orientado para a escolha do processo mais adequado.

É claro que o conhecimento de um só processo não dá essa possibilidade de escolha, daí a razão de termos apresentado os três processos básicos de Perspectiva.

Na página 40, o leitor encontra uma perspectiva desenhada pelo Processo dos Arquitetos. É interessante construir a mesma figura, com os mesmos dados, pelo Processo dos Pontos de Distância e pelo dos Pontos Medidores, para fins de comparação.

Podemos estabelecer diversos critérios de comparação, tais como: quantidade de traços ou de pontos necessários, rapidez do traçado ou outros. O exame resulta mais objetivo se compararmos as áreas de papel para desenho, isto é, as dimensões da prancha de desenho. A comparação dos três desenhos mostrará que o Processo dos Pontos Medidores é o mais eficiente, em termos de aproveitamento da prancha e, por consequência, é o que exige prancheta de menores dimensões.

Evidentemente este não é o único fator a pesar na decisão do processo a utilizar. O matemático e filósofo Henri Poincaré dizia que, até mesmo na Matemática, a COMODIDADE é um fator de grande peso, e a Perspectiva Cônica – aplicação da Geometria – é exata, é Matemática!

O desenhista, portanto, estará em boa companhia quando optar pelo processo mais CÔMODO. Daí a razão de termos apresentado os três processos a fim de que a escolha seja a mais adequada, a mais cômoda para cada caso. A prática diária orientará na escolha, mas o desenhista não deve limitar-se a um processo único; a comodidade dirá, por exemplo, quando deve usar o Processo dos Medidores e misturá-lo, a partir de determinado estágio, com o Processo dos Arquitetos ou o dos Pontos de Distância. Para o profissional importa que o processo seja GRÁFICO e EXATO – pouco interessa o nome – desde que leve ao correto resultado final.

Assim, por exemplo, a escolha das posições relativas do objeto, do observador e do quadro é, de preferência, feita pelo processo dos arquitetos (Essa escolha é estudada no Capítulo seguinte). Nenhum outro processo gráfico pode antecipar e visualizar os resultados tão bem e tão rapidamente como este. É óbvio que o trabalho feito por computador é analítico, não gráfico, e não se pode comparar ao desenho manual.

O diagrama que mostramos na página 53, ainda que desenhado à mão livre, porém em escala, fornecerá suficientes elementos para o desenho final da perspectiva.

Há quem somente faça desenhos de perspectiva a sentimento, isto é, à mão livre, e justifique: "São mais rápidos!". E, por esta mesma razão, representam aproximações mais ou menos grosseiras do objeto. Pondo à margem a falsificação intencional da realidade – condenável do ponto de vista ético, pelo menos – a perspectiva exata não apresenta o inconveniente, tantas vezes alegado, da lentidão no traçado.

Um profissional hábil e conhecedor dos segredos (macetes ou bizus, na linguagem vulgar) da perspectiva não demora mais no desenho exato do que aquele que faz desenho a sentimento, torcendo aqui e ali as dimensões e direções.

Preferimos dizer – a bem da verdade – que relativamente pouca gente se dedica a conhecer os segredos da perspectiva e, talvez por má orientação, a decisão de aplicar um processo único, ao invés de adotar o processo adequado para cada problema específico, pode deixar de ser a escolha correta.

Por outro lado, a falta de experiência pode levar o desenhista a colocar na perspectiva exata muitos detalhes secundários; é evidente que isso faria o desenho exato bem mais demorado que o desenho a sentimento. O desenhista experiente marcará as LINHAS PRINCIPAIS no desenho exato e complementará, a sentimento, com boa margem de aproximação, os detalhes. O resultado final deverá ser a soma de exatidão e de sentimento, de Geometria e de Arte!

Ao dominar os "segredos" deste livro, o desenhista – com algum treino – tem condições de desenvolver bem e rapidamente as perspectivas, sejam cônicas ou outras.

⑧ O posições do observador

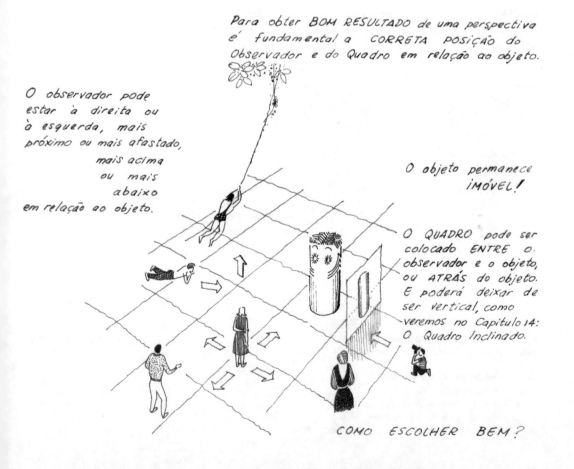

Para obter BOM RESULTADO de uma perspectiva é fundamental a CORRETA POSIÇÃO do Observador e do Quadro em relação ao objeto.

O observador pode estar à direita ou à esquerda, mais próximo ou mais afastado, mais acima ou mais abaixo em relação ao objeto.

O objeto permanece IMÓVEL!

O QUADRO pode ser colocado ENTRE o observador e o objeto, ou ATRÁS do objeto. E poderá deixar de ser vertical, como veremos no Capítulo 14: O Quadro Inclinado.

COMO ESCOLHER BEM?

A 1.ª providência antes de fazer uma perspectiva é DESENHAR UM ESBOÇO à mão livre, porém em escala, de modo a ter uma ideia APROXIMADA do resultado final.

É uma complementação do DIAGRAMA que fizemos nas páginas 53 e 54 e permite AJUSTES, a fim de obter o efeito procurado.

O ângulo visual ou ângulo ótico do olho humano é de ± 120°, entretanto, seu CAMPO DE DEFINIÇÃO (a parte da imagem que é vista com NITIDEZ) é inferior a 45°.

Por esta razão, o objeto deve ser colocado na perspectiva DENTRO do ângulo compreendido entre 30 e 45°. Desenhada a planta, determinam-se o Centro Geométrico, a DIREÇÃO do Quadro e a Visual Principal.

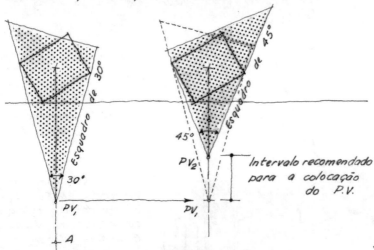

Intervalo recomendado para a colocação do P.V.

Na posição do PV mais AFASTADO, o objeto ficará compreendido por raios visuais que formam 30°.

Se o Ponto de Vista estiver muito AFASTADO do objeto (como A), a perspectiva tende a perder o efeito de relevo, de profundidade: parecerá uma FACHADA.

Se o Ponto de Vista for colocado muito PRÓXIMO do objeto, a perspectiva aparecerá DEFORMADA.

Posições do observador

Já sabemos que a colocação CLÁSSICA é a de fazer a Visual Principal passar pelo Centro Geométrico do objeto na planta (projeção horizontal no Geometral).

Podemos fugir deste hábito, desde que seja feito um estudo preliminar para evitar DEFORMAÇÕES na perspectiva.

Vista Lateral Esquerda de Armário com Mesa

A POSIÇÃO DO QUADRO (1º)

A colocação do Quadro em relação ao objeto deve atender a DUAS finalidades:

1 - A VISIBILIDADE das faces do objeto;
2 - As DIMENSÕES da prancha do desenho.

No 1º caso pode-se desejar:

a - Predominância de uma face do objeto
b - Existência de uma face frontal do objeto. Em ambos os casos, o objeto sofre ROTAÇÃO a fim de obter o efeito desejado.

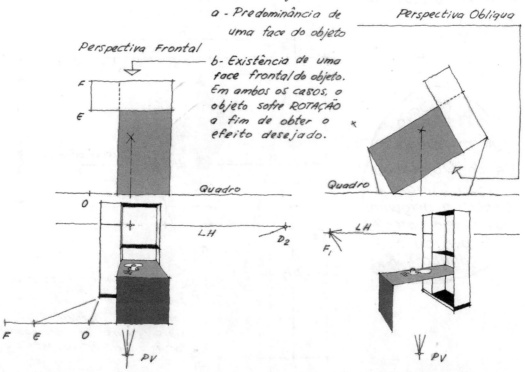

A ROTAÇÃO do Quadro é definida pela predominância que se deseja dar a uma das faces do objeto.

A POSIÇÃO DO QUADRO
(2º)

Agora trataremos da LOCALIZAÇÃO do Quadro: ela deve atender à DIMENSÃO que pretendemos dar à perspectiva.

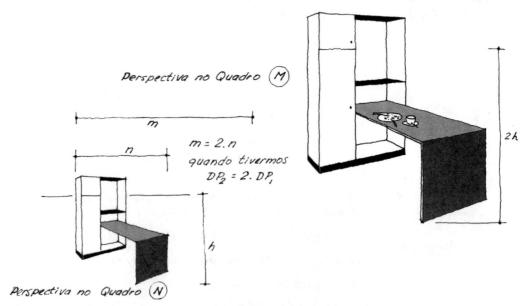

Perspectiva no Quadro M

Perspectiva no Quadro N

$m = 2 \cdot n$ quando tivermos $DP_2 = 2 \cdot DP_1$

A rotação já mencionada é do Objeto ou do Quadro? Lembra a pergunta: Quem veio antes? O ovo ou a galinha?

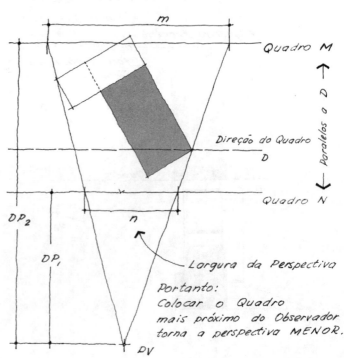

Largura da Perspectiva

Portanto:
Colocar o Quadro mais próximo do Observador torna a perspectiva MENOR.

Posições do observador

O raciocínio quanto à LARGURA da perspectiva, em função da posição do Quadro, aplica-se, também, à ALTURA.

Esta consideração terá de ser feita OBRIGATORIAMENTE quando a medida da altura do objeto predomina sobre as demais.

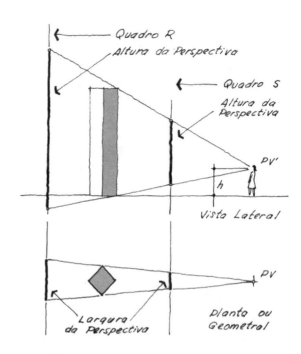

As deformações na perspectiva podem ser INTENCIONAIS, quando se deseja acentuar um detalhe qualquer do objeto ou, ainda, quando se pretende despertar a ATENÇÃO por meio de um ângulo não habitual, como é o caso da publicidade.

Isto pode ser obtido pela colocação do observador...

⟵ ...na altura h=zero...

...ou em altura bastante elevada, ambas pouco comuns para este objeto.

DEFORMAÇÕES ACIDENTAIS, como aquelas desenhadas na página 67, devem ser corrigidas.

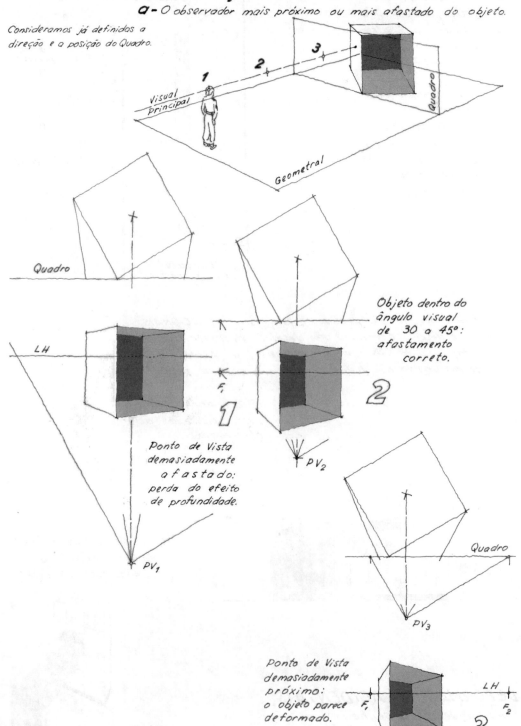

A POSIÇÃO DO OBSERVADOR
(2º)

b- Deslocamento Lateral

O observador está colocado muito à esquerda (PV4) ou muito à direita (PV5) do objeto.

Em ④ e em ⑤ a Visual Principal passa fora do Centro Geométrico, e as perspectivas resultam DEFORMADAS!

A POSIÇÃO DO OBSERVADOR
(3º)
C – Variação da Altura

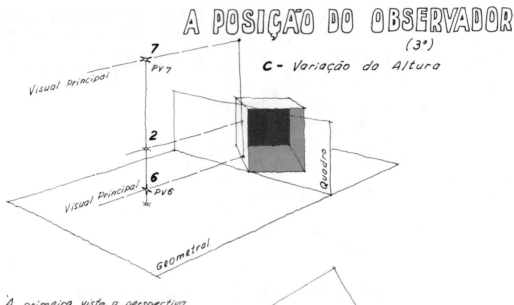

À primeira vista, a perspectiva nº 7 parece deformada. E é verdade! Entretanto, o PV7 está colocado com afastamento CORRETO: o mesmo que foi usado para as perspectivas nºs 2 (pag.67) e 6, nesta página. Então...

... COMO SE EXPLICA A DEFORMAÇÃO?

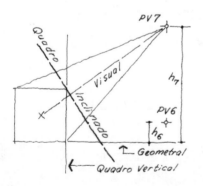

▲ O desenho mostra, na Vista Lateral, o Quadro utilizado e o Quadro INCLINADO, que evitaria a deformação.
O assunto é desenvolvido no Capítulo 13.

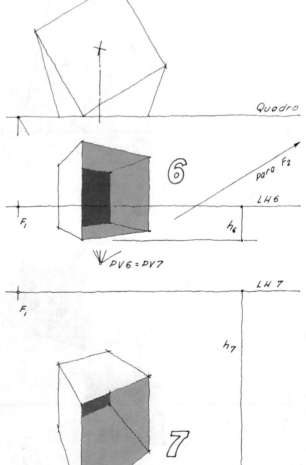

A utilização do ponto de vista mais elevado do que a altura normal do observador, isto é, a chamada perspectiva celeste ou a voo de pássaro, dá excelente ideia de CONJUNTO, de volumetria, pois apresenta, em uma única figura, três faces do objeto.

Nos projetos arquitetônicos costuma-se colocar o PV acima da altura normal (h > 1,50 m) do observador. O resultado é um efeito de MAIOR AMPLITUDE do espaço, seja interno ou externo. Ainda nos desenhos de arquitetura, podemos obter efeito INCOMUM ou surpreendente, fazendo a perspectiva com o observador no Plano Geometral, isto é, h = 0, o que fará coincidir a Linha do Horizonte com a Linha de Terra. É recurso usado com bons resultados no desenho de locais de entrada, escadarias etc.

No Capítulo 20 podem-se ver exemplos do que dizemos aqui.

Chama-se perspectiva frontal aquela em que o objeto apresenta uma face paralela ao quadro. É o caso da página 70 no desenho à esquerda.
Na perspectiva frontal de INTERIORES, a colocação da visual principal passando pelo Centro Geométrico do ambiente dá efeito pouco agradável, especialmente se as paredes laterais forem simétricas. Daí se justifica o hábito de colocar o Ponto de Vista a 1/3 da largura da parede frontal, como aparece na página 80.

Recapitulando:
Você está com um projeto completo (plantas – cortes – vistas) do objeto a ser desenhado em perspectiva. Por onde começar?

1. Escolha da face predominante, por meio de rotação do quadro ou do objeto, de modo a definir a DIREÇÃO do Quadro.
2. Colocação do Ponto de Vista sobre uma perpendicular ao Quadro e de modo que o objeto fique compreendido por raios visuais formando ângulo entre 30 e 45°.
3. Definição do TAMANHO para a perspectiva, por meio do deslocamento do Quadro para a frente ou para trás do objeto, paralelamente à direção fixada no item 1.
4. Determinação de PONTOS PARA O TRAÇADO: pontos de fuga, pontos medidores ou de distância, ponto principal etc.
5. Representação da LT e da LH (a altura h do observador foi dada ou fica a critério do desenhista?)
6. Preparo de diagramas e ESBOÇOS à mão livre, em tamanho reduzido, de modo a confirmar o efeito procurado para a perspectiva.
7. Início do traçado geométrico da perspectiva exata.

A tentativa de queimar as etapas do n. 1 a 6, começando a partir do n° 7, poderá resultar em perda de tempo, de trabalho e de papel, e deixar um nada agradável sentimento de frustração!

Em qualquer processo de Perspectiva, o desenho da CIRCUNFERÊNCIA pode ser simplificado por meio da utilização de PONTOS ESPECIAIS, como...

⑨ O círculo

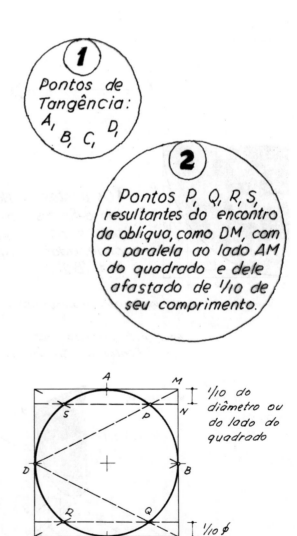

1 Pontos de Tangência: A, B, C, D,

2 Pontos P, Q, R, S, resultantes do encontro da oblíqua, como DM, com a paralela ao lado AM do quadrado e dele afastado de 1/10 de seu comprimento.

1/10 do diâmetro ou do lado do quadrado

1/10 ⌀

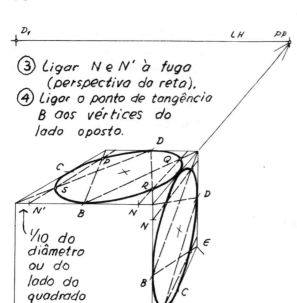

③ Ligar N e N' à fuga (perspectiva da reta).
④ Ligar o ponto de tangência B aos vértices do lado oposto.

1/10 do diâmetro ou do lado do quadrado

① Definem-se o centro e os pontos de tangência da circunferência no quadrado
② Num lado do quadrado que seja paralelo ao quadro, marca-se 1/10 do lado, e obtém-se os pontos N e N'.

Quando o plano da circunferência é oblíquo em relação ao Quadro, o traçado da página anterior permanece VÁLIDO.

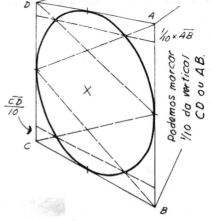

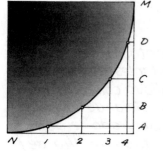

◀ Os pontos são definidos por suas ordenadas (A,1), (B,2)...

Nos casos em que há necessidade de maior precisão na perspectiva, além dos oito pontos já mostrados, novos pontos serão acrescidos.

... e levados para a perspectiva.

Aqui, pelo processo dos Pontos de Distância.

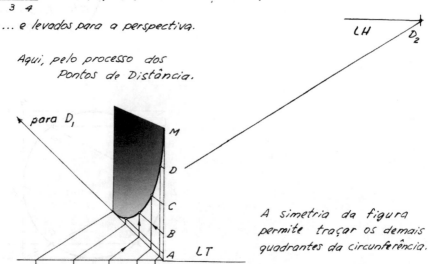

A simetria da figura permite traçar os demais quadrantes da circunferência.

O círculo

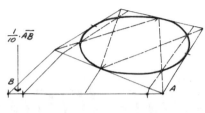

O quadrado abaixo não apresenta lado que seja paralelo ao Quadro: a DÉCIMA PARTE do lado é obtida por um dos 3 processos de Perspectiva: aqui, o dos Pontos Medidores.

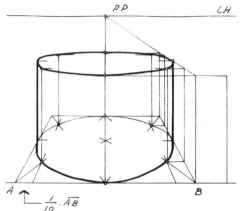

A representação de circunferências paralelas (caso do cilindro) fica simplificada quando desenhamos uma das circunferências e transportamos seus pontos para o plano da 2.ª circunferência.

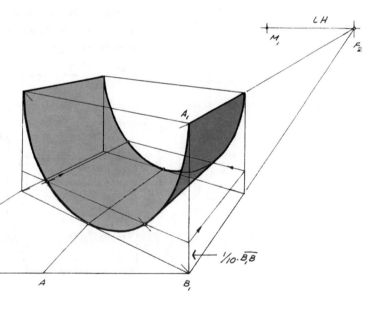

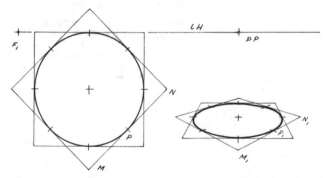

Em alguns casos é mais simples usar DOIS QUADRADOS circunscritos à circunferência: a tangente MN corta a diagonal do 2.º quadrado no ponto P sobre a circunferência. São oito pontos no total.

⑩ Quadrículas

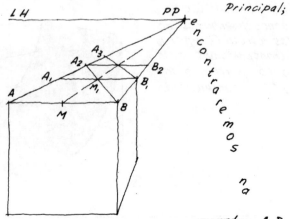

Em qualquer que seja o processo de Perspectiva e sendo dada a representação do cubo, podemos desenhar o cubo vizinho. No exemplo abaixo determinamos o ponto de fuga P.P. e ligamos M - ponto médio da aresta AB - ao Ponto Principal; encontraremos na aresta A_1B_1 o ponto M_1. A reta $\overline{BM_1}$ nos dá o ponto A_2 por onde passa a aresta $\overline{A_2B_2}$ do cubo vizinho.

Quadrículas

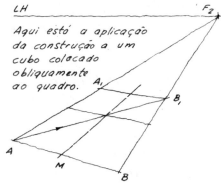

Aqui está a aplicação da construção a um cubo colocado obliquamente ao quadro.

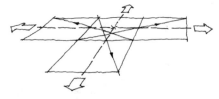

A construção é aplicável à repetição de quadrados em QUALQUER DIREÇÃO sobre um plano.

A construção pode ser aplicada ao problema inverso: dado um quadrado ou retângulo, dividi-lo em quadrículas. Exemplo ◄

Dados: O retângulo ABCE a ser dividido em 6×5= 30 quadrados.

$DP = 1\frac{1}{4} . \overline{AB}$ $h = AB$

Como a Visual Principal não foi definida, ela será colocada pelo processo clássico. Teremos o P.P., o Ponto de Distância e o retângulo $A_1 B_1 C_1 E_1$, sendo a profundidade obtida a partir de $\overline{1B} = \overline{BC}$ na L.T.

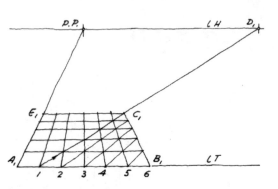

◄ No caso do quadrado podemos fazer divisões sucessivas, se elas forem iguais a 2^n (n = número inteiro qualquer). Trata-se da construção apresentada no Capítulo 4 e que é feita por meio de diagonais.

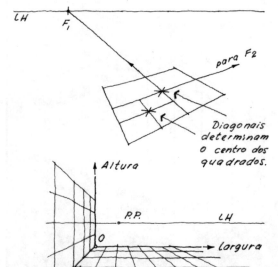

Diagonais determinam o centro dos quadrados.

◄ Outra aplicação das quadrículas em perspectiva é a construção de um SISTEMA RETICULADO ESPACIAL definido por 3 eixos perpendiculares entre si. É fácil transportar as medidas das plantas e das fachadas para o reticulado já desenhado.

A perspectiva dos profissionais

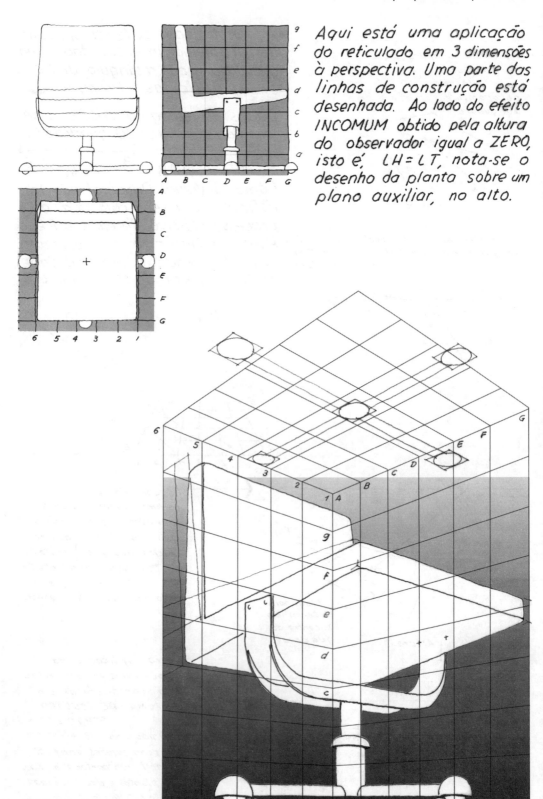

Aqui está uma aplicação do reticulado em 3 dimensões à perspectiva. Uma parte das linhas de construção está desenhada. Ao lado do efeito INCOMUM obtido pela altura do observador igual a ZERO, isto é, LH = LT, nota-se o desenho da planta sobre um plano auxiliar, no alto.

11. Retas e planos inclinados

Ressaltamos que na vida profissional, nos ateliês de arquitetos, de desenhadores (designers) e de artistas, o traçado geométrico não é senão a etapa anterior à apresentação artística ou arte-final de um projeto: aquilo que cativa o cliente bem mais do que um conjunto de plantas, cortes e fachadas. O desenho acima é do Arquiteto Eduardo H. O. Bastos, formado pela UFAL e Professor do CESMAC/Maceió, e ilustra bem o que dissemos.

Temos visto que os pontos de fuga das RETAS HORIZONTAIS estão sobre a Linha de Horizonte.
Quando se trata de
RETAS OBLÍQUAS
(ascendentes ou descendentes),
o Ponto de Fuga está FORA DA LH mas sobre a vertical que passa pelo ponto de Fuga dessas retas horizontais.
Por exemplo:
A reta horizontal AB tem fuga em F_2.
A reta ascendente $\overline{AC}$ tem fuga em F_3
A reta descendente $\overline{CB}$ tem fuga em F_4

Eles são simétricos em relação a L.H.

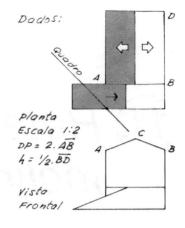

Dados:
planta
Escala 1:2
$DP = 2 \cdot \overline{AB}$
$h = \frac{1}{2} \cdot \overline{BD}$
Vista Frontal

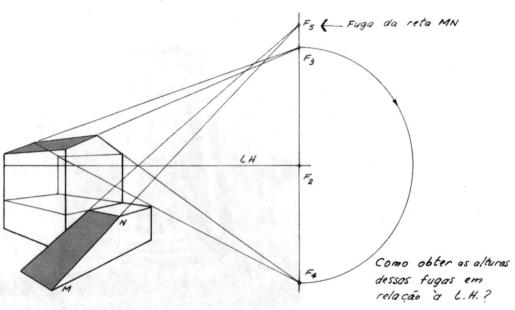

Fuga da reta MN

Como obter as alturas dessas fugas em relação à L.H.?

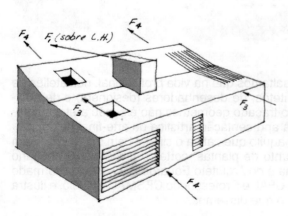

A utilização da fuga de retas ascendentes ou descendentes é especialmente recomendada quando ocorre a repetição dessas retas.

Retas e planos inclinados

A determinação da altura das fugas de retas ascendentes é mostrada aqui.
Dados:

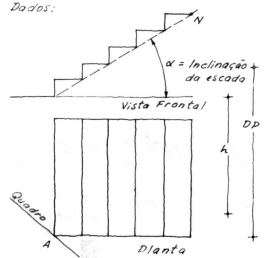

1º PROCESSO
Com centro em F_2, levamos o lado $PV \cdot F_2$ para o Quadro em C e aí marcamos o ângulo α dado. Obtemos a altura em D sobre a vertical que passa por F_2. Levamos o cateto $F_2 D$ = altura da fuga acima do Geometral para a posição $F'_2 F_3$ acima da L.H.

2º PROCESSO
Construímos o triângulo retângulo $PV - F_2 - B$, sendo o cateto $\overline{F_2 B}$ a altura a determinar. Conhecemos o ângulo α no vértice P.V. e o cateto $\overline{PV \cdot F_2}$. Encontramos $\overline{F_2 B}$ = altura que levamos para $F'_2 F_3$.

Em resumo:
Os dois processos diferem apenas pela POSIÇÃO do triângulo.

Verificação: Conferir na página anterior as fugas F_3 e F_4 !

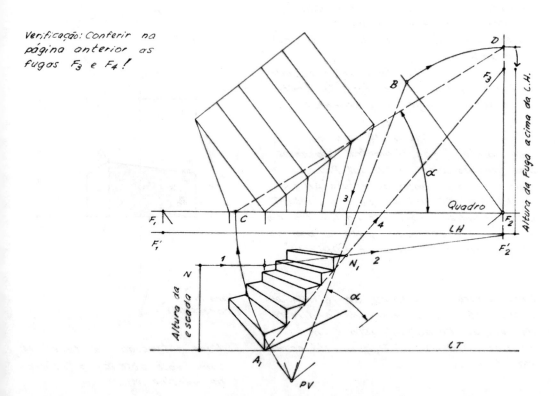

Quando um Ponto Medidor ou um Ponto de Fuga está fora dos limites do papel de desenho, podemos usar construções auxiliares:

12. Pontos medidores e de fuga reduzidos

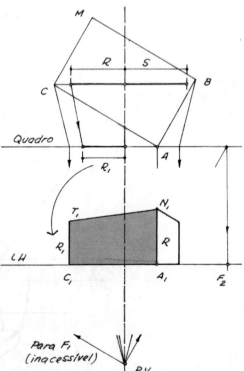

I - SUBSTITUIÇÃO DE PONTO DE FUGA
(duas soluções)
    A face AB sendo construída por qualquer processo, marcamos em A,N, a VERDADEIRA GRANDEZA R da aresta AN (altura) e levamos para F_2.
    Na face AC - quando o Ponto de Fuga fica fora dos limites do desenho - surge o problema!

    Eis a 1ª solução:
Pelo ponto C do Geometral traçamos uma perpendicular à Visual Principal e sobre ela marcamos a altura AN = R A PARTIR DA VISUAL para o ponto C. Esta grandeza projeta-se no Quadro em R_1 que transportamos para a posição C_1 ACIMA DA LINHA DE HORIZONTE!

Uma altura S - ABAIXO DA LINHA DE HORIZONTE - seria marcada à direita da Visual Principal, isto é, no sentido OPOSTO a R, que está acima da L.H.

Para o traçado da face BM, como você obteria a altura no vértice M_1?

Aqui está a 2ª solução:

O PONTO DE FUGA FRACIONÁRIO.
A Distância Principal - de PV até PP - é dividida em partes iguais: aqui, em 3 partes. Pelo ponto 1 da 1ª divisão a partir do Quadro, traçamos a paralela a $\overline{AC}$ determinando a Fuga Reduzida F_1' que substituirá F_1.
A construção é baseada na semelhança dos triângulos 1-F-PP e PV-F_1-PP (não desenhado).
Na perspectiva ligamos o Ponto Principal M_1 a N_1 e dividimos também em 3 partes. Pelo ponto a da 1ª divisão traçamos a reta $\overline{F_1'a}$ e por N_1 uma paralela a esta direção.

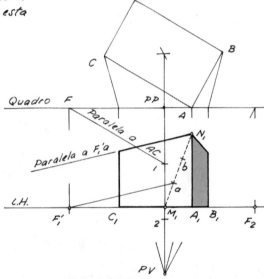

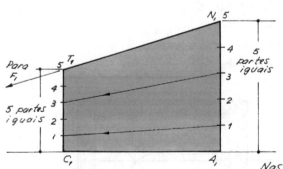

RETAS PARALELAS

Nas duas construções apresentadas poderá aparecer o problema de SUBDIVIDIR as alturas, a fim de traçar paralelas. O Ponto de Fuga é inacessível e as direções estão indefinidas.
Solução: dividimos as verticais em igual quantidade de partes (no exemplo: 5) e ligamos os pontos de divisão.
Mas há outras soluções.

Outra maneira de traçar as retas que têm a mesma direção e o Ponto de Fuga INACESSÍVEL: Estando desenhado em perspectiva o plano das arestas (face $A_1 N_1 T_1 C_1$ - no exemplo), introduzimos uma VERTICAL $\overline{D_1 E_1}$ que esteja numa razão SIMPLES para $A_1 N_1$. Por exemplo:

$$D_1 E_1 = \frac{1}{2} \cdot A_1 N_1$$

Assim, a medida R - marcada em $A_1 N_1$ terá METADE ($1/2$) de sua grandeza marcada em $D_1 E_1$, o que permite traçar a direção de fuga (seta 3).

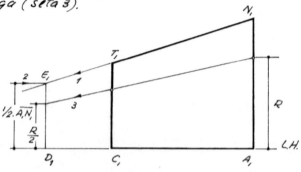

2 - SUBSTITUIÇÃO DE PONTOS DE DISTÂNCIA

O assunto foi apresentado no Capítulo 6. No exemplo, a profundidade do cubo, igual a AB, foi reduzida de $1/4$; a mesma redução foi aplicada ao Ponto de Distância.

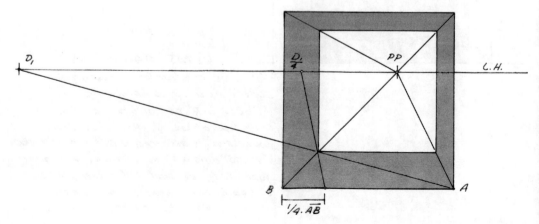

3 - SUBSTITUIÇÃO DE PONTOS MEDIDORES

O Ponto Medidor Reduzido pode ser obtido ao tomarmos uma FRAÇÃO da distância $\overline{F_1 M_1}$. No exemplo, a fração é 1/2 e marcamos na L.H. o ponto $\frac{M_1}{2}$, tal que $\frac{\overline{F_1 M_1}}{2} = \overline{M_1 \frac{M_1}{2}}$.

O ponto C_1 da perspectiva é obtido marcando na LT a dimensão $\frac{1}{2}.\overline{AC}$
          (fração igual à do Ponto Medidor Reduzido) e ligando para $\frac{M_1}{2}$.

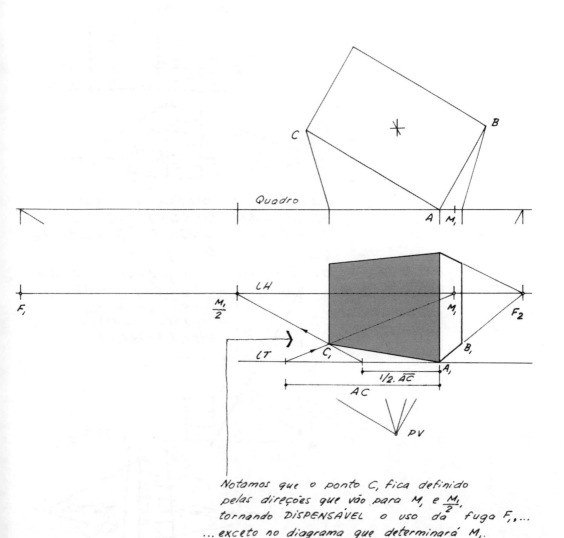

Notamos que o ponto C_1 fica definido pelas direções que vão para M_1 e $\frac{M_1}{2}$, tornando DISPENSÁVEL o uso da fuga F_1,...
...exceto no diagrama que determinará M_1.

Nos traçados anteriores admitimos SEMPRE que o objeto ficasse compreendido dentro de um ângulo de 30 a 45° e também que a VISUAL PRINCIPAL fosse HORIZONTAL:

⑬ O quadro inclinado

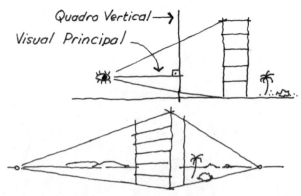

Podemos, no entanto, representar o objeto sobre QUADRO INCLINADO, isto é, NÃO VERTICAL. É evidente que a Visual Principal - perpendicular ao Quadro - deixa de ser horizontal. Surge a 3.ª FUGA!

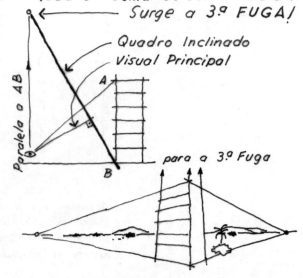

O quadro inclinado

Essa situação ocorre quando:
- *Se deseja um efeito incomum, surpreendente.*
- *Uma edificação está localizada numa rua estreita onde o observador está impedido de se colocar na distância adequada.*
- *O observador está acima do objeto: na perspectiva a voo de pássaro (p.88).*

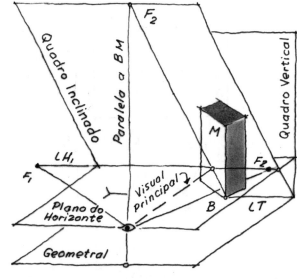

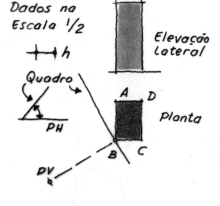

Dados na Escala 1/2

- Traçamos LT e desenhamos a planta A_1, B_1, C_1, D_1, abaixo à direita.
- Desenhamos a elevação (Plano de Perfil) à esquerda (Seta 1).
- Marcamos PV (Seta 2) com a distância principal dada e daí para a elevação, onde marcamos a altura h.
- O quadro inclinado passa por B e forma com o Geometral o ângulo dado. Fica determinada a altura h, no quadro inclinado e obtemos LH_1 (Seta 5). ou Linha de Horizonte neste quadro.
- Encontramos F_1' e F_2' sobre LH_1 (Setas 6 e 7) a partir de PV.

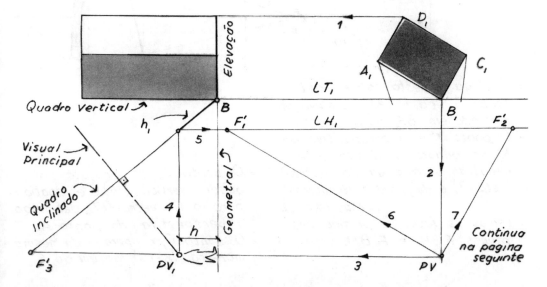

Continua na página seguinte

Continuação da página anterior:

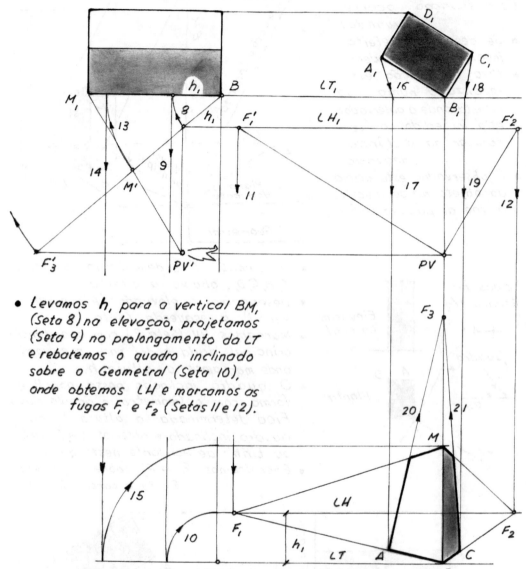

- Levamos h_1 para a vertical BM_1 (Seta 8) na elevação, projetamos (Seta 9) no prolongamento da LT e rebatemos o quadro inclinado sobre o Geometral (Seta 10), onde obtemos LH e marcamos as fugas F_1 e F_2 (Setas 11 e 12).

- A fuga F_3 está sobre $\overline{PV \cdot B_1}$, sendo a medida BF_3' da elevação marcada em BF_3 na perspectiva.
- O ponto M' é a perspectiva de M, no quadro inclinado e é rebatido para o quadro vertical (Seta 13) e, daí, para o Geometral (Setas 14 e 15).
- Temos as faces do prisma nos planos F_1BM e F_2BM.

- O ponto A_1 se projeta no quadro vertical (16) e é rebatido para o Geometral (17), definindo a perspectiva do ponto A.
- O ponto C_1 é operado da mesma maneira (18-19), definindo C.

O quadro inclinado

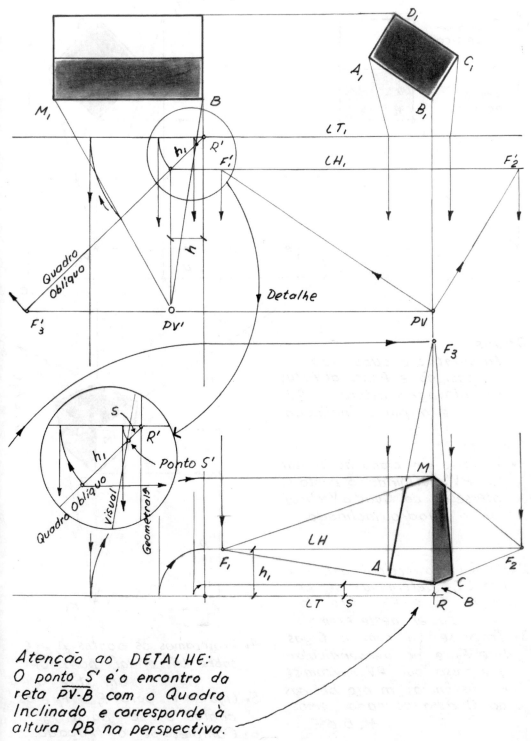

O Quadro NÃO passa pelo objeto.
A construção pouco difere da anterior.

Atenção ao DETALHE:
O ponto S' é o encontro da reta $\overline{PV\text{-}B}$ com o Quadro Inclinado e corresponde à altura RB na perspectiva.

Perspectiva de um CUBO:
Quadro Oblíquo e Observador no alto.

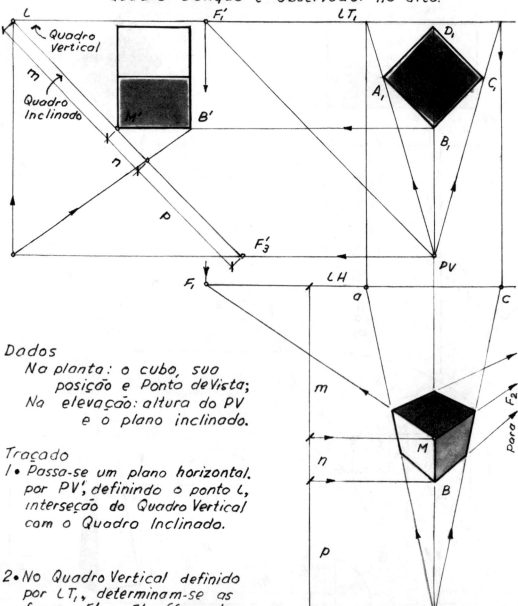

Dados
 Na planta: o cubo, sua posição e Ponto de Vista;
 Na elevação: altura do PV e o plano inclinado.

Traçado
1. Passa-se um plano horizontal, por PV', definindo o ponto L, interseção do Quadro Vertical com o Quadro Inclinado.

2. No Quadro Vertical definido por LT_1, determinam-se as fugas F'_1 e F'_2 (fora do papel neste exemplo).

3. Traça-se LH com as fugas F_1 e F_2 e, na perpendicular que passa por PV, marcam-se as distâncias m-n-p obtidas no Quadro Inclinado: temos M, B e F_3.

4. Projetamos os pontos A_1 e C_1 sobre LT_1 e, daí, para LH em a e c.

5. Liga-se M para F_1 e F_2 e os pontos a e c para F_3.

6. Completa-se o traçado.

O quadro inclinado   87

Os traçados deste capítulo foram desenhados a partir de estudos feitos pelo Arquiteto Paulo Gondim Vaz de Oliveira, ex-professor da UFPE, e se diferenciam dos livros de perspectiva. O processo PV (Processo Visual ou Processo Paulo Vaz), aqui apresentado em resumo, integra em uma construção única os traçados habitualmente apresentados como figuras isoladas e parciais, que nunca se juntam para formar um todo. Para desenhadores veteranos, o novo processo não apresenta novidade; contudo, com esta nova apresentação, os futuros iniciantes livram-se de aprender por meio do estudo de construções esparsas e de explanações longas.
Deixo aqui meus agradecimentos ao Professor Paulo Vaz, que cedeu gentilmente seus estudos, mais completos e ainda não publicados.

Na página 145, o leitor encontra uma perspectiva com três fugas ocupando página inteira. Acima aparece um croqui feito à mão livre pelo Arquiteto Eduardo H. O. Bastos, de Maceió, AL. É, também, dele a perspectiva da contracapa, que endossa o que escrevemos na p. 75.

14. Sombras nas projeções ortogonais

A representação de um projeto de Arquitetura ou de Desenho Industrial procura dar a informação clara, necessária e exata capaz de permitir a interpretação da ideia do projetista por terceiros. Há uma dificuldade fundamental naquela representação: procura-se desenhar em duas dimensões um objeto tridimensional. Para suprir no desenho da 3ª dimensão, procura-se, nas fachadas ou vistas, dar o efeito de relevo por meio de linhas de força. É o caso da figura acima.

Há, entretanto, outro tipo de representação menos usado por ser mais trabalhoso e por exigir bom domínio da Geometria Descritiva, porém de excelente efeito gráfico. Observe a figura da página seguinte, onde utilizamos as sombras projetadas. Trata-se de uma representação convencional e o seu estudo muito ajudará na compreensão do capítulo que se segue: Perspectiva das sombras.

Uma aplicação do traçado das sombras, pouco mencionada, refere-se ao desenvolvimento da capacidade de percepção e de visualização das formas.

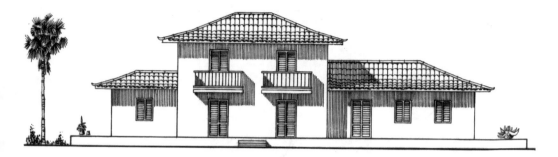

As convenções estabelecidas e aceitas universalmente são:
1 – A luz se propaga em linha reta.
As porções de luz ou de sombra em uma superfície dão ideia de sua forma, de suas dimensões e de sua posição.
2 – A fonte de luz é única, direta e colocada no infinito.
A luz vindo de mais de uma fonte daria sombras superpostas, confusas e difíceis; o mesmo aconteceria com a luz indireta ou difusa. Com a colocação da fonte de luz no infinito, consegue-se uniformizar a posição, quer se trate de objetos pequenos ou grandes. A fonte de luz é única, direita e colocada no infinito.
A fonte de luz colocada em distância finita obrigaria à definição de posição da fonte em relação ao objeto, além de não permitir comparação entre objetos e fontes diferentes. A colocação da fonte de luz no infinito dá origem a raios de luz paralelos, com melhor aproveitamento dos instrumentos de desenho.
3 – A direção da luz é paralela à diagonal de um cubo.
A criação de uma linguagem gráfica universal é possível com a colocação do Sol no infinito, em uma posição única e fixa, de modo que seus raios de luz, além de paralelos entre si, cheguem ao objeto com direção, sentido e ângulo constantes.
A diagonal do cubo é paralela a essa direção: ela forma, em suas 3 projeções, ângulo de 45°, passando pelo ombro esquerdo e descendo para a frente e para a direita.
A vantagem de ter o mesmo ângulo de 45° em qualquer dos três planos de projeção dá origem a simplificações nos traçados.
Deve-se notar que o ângulo de 45° é formado pelas projeções da diagonal com o plano horizontal, pois o verdadeiro ângulo formado pela diagonal do cubo com o plano horizontal é de 35° 15' 37".

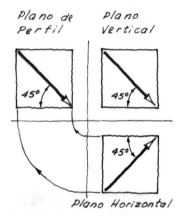

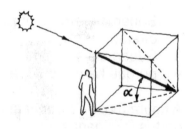

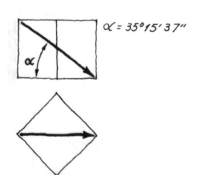

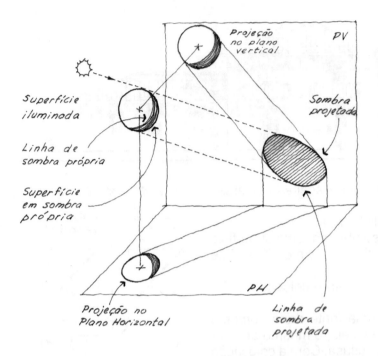

A finalidade principal do desenho convencional de sombras é ressaltar a verdadeira grandeza e as posições relativas das superfícies adjacentes.
Com relação à luz, as superfícies podem ser:
1. Superfície iluminada é a parte da superfície de um corpo que recebe luz direta.
2. Superfície em sombra própria é a parte do corpo que não recebe luz direta.
3. Superfície em sombra projetada é a superfície que deixa de receber luz porque há outra superfície mais próxima da fonte que intercepta a luz.

A figura mostra as linhas de sombra, própria ou projetada, que separam as partes iluminadas e as de sombra.
Existe, em alguns casos, uma faixa intermediária entre a sombra projetada e a superfície iluminada chamada penumbra, que não estudaremos por se tratar de raios não paralelos.

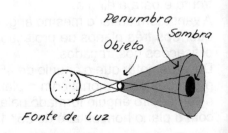

DETERMINAÇÃO DAS SOMBRAS

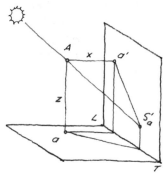

SOMBRA DE UM PONTO sobre uma superfície é o ponto em que o raio de luz que passa pelo ponto dado encontra esta superfície;

na linguagem da Geometria Descritiva: é o TRAÇO da reta (raio de luz) que passa pelo ponto dado.

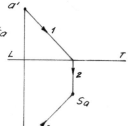

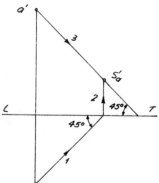

A sombra S_a do ponto $A(a', a)$ estará sobre o plano horizontal de projeções (desenho acima) ou...

... sobre o plano vertical de projeções em S'_a (nas figuras à esquerda) dependendo da posição do ponto no espaço: sendo $z > x$, a sombra estará no plano vertical. z = cota; x = afastamento. Para $x > z$, a sombra fica no plano horizontal. Para $x = z$, a sombra estará sobre a LT.

Da explicação anterior decorrem os princípios:
1. A linha de sombra própria é determinada por raios de luz tangentes ao objeto.
2. A linha de sombra projetada de um objeto sobre uma superfície é a sombra projetada por sua linha de sombra própria.
3. As sombras projetadas estão sempre sobre superfícies iluminadas, isto é, voltadas para a luz.
4. As superfícies não voltadas para a luz são superfícies em sombra, logo não podem receber sombras projetadas.
5. Uma superfície, ou parte dela, que esteja em sombra própria ou projetada não pode lançar sombra porque não intercepta a luz.
6. Para cada superfície iluminada há uma sombra projetada, não necessariamente visível.
7. A forma da sombra visível projetada por um objeto depende de:
   a) forma da superfície que projeta sombra;
   b) forma da superfície que recebe a sombra projetada;
   c) posição relativa dessas duas superfícies.

Para a determinação da sombra de uma reta, muitas vezes, é suficiente encontrar a sombra de dois de seus pontos.

Ao lado está um segmento $\overline{AB}$, de nível ou horizontal. $S'_a S'_b$ é sua sombra sobre o plano vertical de projeções. A sombra de cada um dos pontos A e B foi obtida como na página anterior.

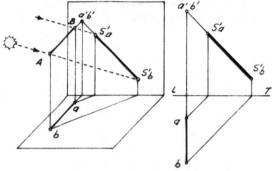

A SOMBRA DE UMA RETA
é, em geral, outra reta. Será um ponto quando a reta for paralela à direção do raio luminoso.

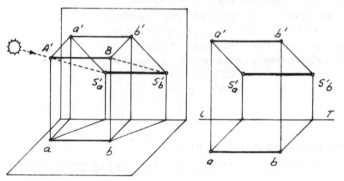

A sombra da reta $\overline{AB}$ é obtida, também, pelo mesmo processo anterior em $S'_a S'_b$.

O raciocínio não se modifica quando se trata de obter a sombra do segmento $\overline{AB}$, que tem posição e direção quaisquer no espaço.

Determinamos para cada ponto A e B o traço do raio luminoso a 45°, ou seja, os pontos S_a e S_b: interseção dos raios luminosos passando em A e em B com o plano horizontal de projeções.

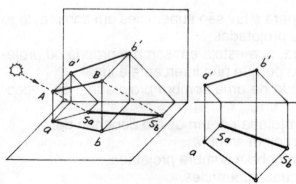

Nos desenhos da página anterior ambas as extremidades do segmento determinam sombra sobre o mesmo plano de projeções. Mas... o que acontece quando cada extremidade tem sombra sobre um dos planos de projeção?

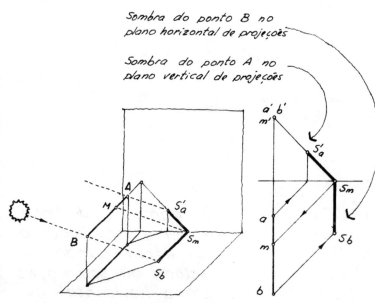

Sombra do ponto B no plano horizontal de projeções
Sombra do ponto A no plano vertical de projeções

Não podemos ligar por UMA reta S_a e S_b, pois são pontos NÃO COPLANARES, isto é, não pertencem ao mesmo plano.

Observamos que S_m é a sombra de um ponto M - pertencente ao segmento dado, de tal modo que a porção AM tem sombra sobre o plano vertical em $\overline{S'_a S_m}$ e a porção MB tem sombra em $\overline{S_m S_b}$ no plano horizontal de projeções.

O ponto S_m da Linha de Terra é a sombra do ponto $M(m'; m)$, de cota e afastamento iguais entre si. O ponto M é obtido a partir de $\underline{m'}$, traçando uma paralela ao raio luminoso - em cada plano de projeção - na mesma direção, porém em sentido contrário, isto é, conhecido S_m (sombra) determinamos $m'; m$ (ponto do segmento dado).

> Antes de generalizar este problema para o caso de uma reta qualquer, será necessário definir o que vem a ser "SOMBRA VIRTUAL".

Voltemos ao estudo da sombra de um ponto A, no início do capítulo: vimos que S_a é a sombra do ponto A e que ela está no primeiro plano a ser atingido pelo raio de luz após sua passagem pelo ponto A.

Se admitirmos que os planos de projeção são transparentes, o raio luminoso ou reta projetante prossegue em seu caminho até encontrar o plano horizontal de projeções em S_a.

No desenho técnico, os planos de projeção são OPACOS, de modo que a SOMBRA VIRTUAL é um elemento imaginário ou artifício para auxiliar a obtenção da SOMBRA REAL.

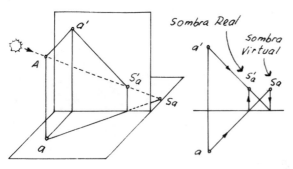

Podemos, agora, estudar a sombra de uma reta qualquer AB.

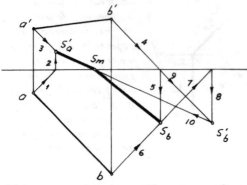

Obtidas as sombras S'_a e S_b verificamos que são pontos pertencentes a dois planos diferentes: S'_a no vertical e S_b no horizontal. Portanto, não podem ser ligados por UMA reta.
Recorremos à SOMBRA VIRTUAL de uma das extremidades (B - no exemplo) e obtemos S'_b, que pode ser ligado por uma reta a S'_a, por serem ambos pontos do mesmo plano vertical de projeções.

$\overline{S'_a m}$ é a porção de sombra real, no plano vertical, da reta dada.

O ponto S_m da Linha de Terra será ligado a S_b, determinando o restante da sombra, no plano horizontal do segmento $\overline{AB}$.

A partir destes problemas básicos podemos passar à prática da determinação das sombras, de modo a criar um VOCABULÁRIO das sombras.

Embora o resultado final seja único, o RACIOCÍNIO poderá seguir um dos roteiros:

1) A sombra é obtida por meio de __retas__ projetantes (ou raios de luz) obliquas:

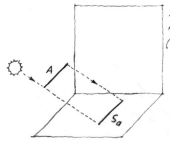

2) A sombra é obtida por meio de __planos__ projetantes paralelos aos raios de luz.

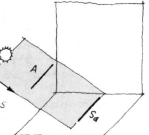

SOMBRA DO TRIÂNGULO

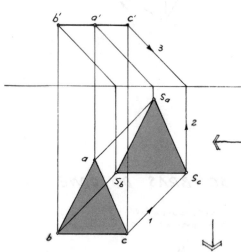

Desenhadas as projeções horizontais e verticais da figura, obtemos a projeção de cada um dos vértices pelo processo da página 91: setas 1 a 3 para o vértice C e sombra S_c.

A figura dada, por ser paralela ao plano horizontal de projeções terá sua sombra com a mesma forma e as mesmas dimensões sobre o plano horizontal.

Aqui, a sombra está sobre o plano vertical de projeções; deixa de existir a igualdade entre a figura e sua sombra, pois elas não são paralelas.

Agora teremos de recorrer à sombra virtual do vértice A para resolver este problema:

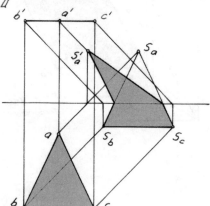

SOMBRAS DO CUBO

No plano horizontal a sombra está compreendida entre os vértices <u>a</u> e <u>c</u>, por onde passam os raios luminosos <u>1</u> e <u>2</u>.

Pela projeção vertical <u>a'</u> passa o raio luminoso <u>3</u>, que vai encontrar a L.T. no ponto <u>4</u>. Neste ponto traçamos a linha de chamada <u>5</u> até encontrar a reta 2 no ponto S_a : sombra do ponto A (a', a).

O mesmo raciocínio aplica-se aos vértices <u>B</u> e <u>C</u> do cubo.

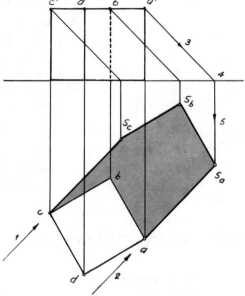

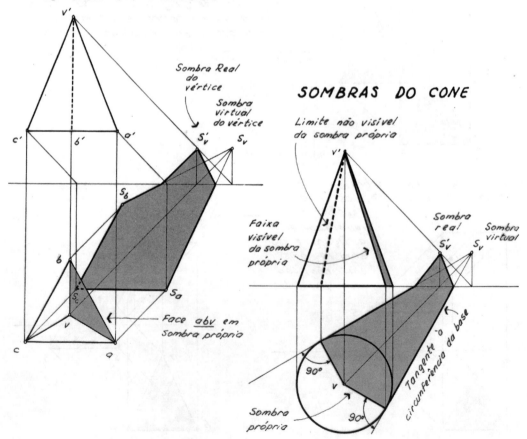

Sombras nas projeções ortogonais

SOMBRA DO CÍRCULO

Pequenas alterações nos dados da figura anterior alteram bastante a sombra:

O círculo está paralelo ao plano vertical e projeta sua sombra neste plano: é um círculo igual à projeção sobre o plano vertical.

No desenho abaixo, o círculo é paralelo ao plano horizontal e projeta sombra neste plano: é também um círculo.

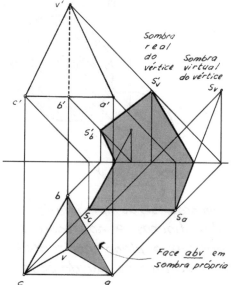

Face *abv* em sombra própria

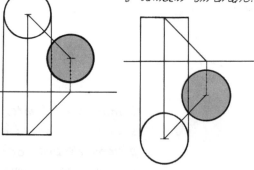

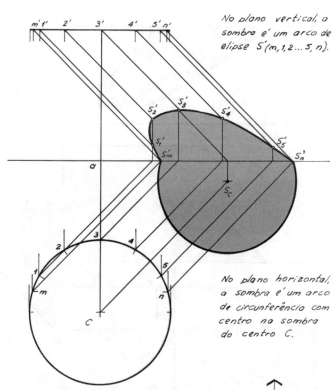

No plano vertical, a sombra é um arco de elipse $S'(m, 1, 2 ... 5, n)$.

No plano horizontal, a sombra é um arco de circunferência com centro na sombra do centro C.

Como exercício, o leitor poderá desenhar novo problema, mediante o acréscimo de 100% na cota $\overline{3'a}$, mantidos todos os demais dados.

SOMBRA DO CILINDRO

Porção visível da sombra própria

1 e 2 - Raios luminosos tangentes à base e limitando a sombra.

3 e 4 - Determinam a sombra do centro da base superior no plano horizontal em verdadeira grandeza.

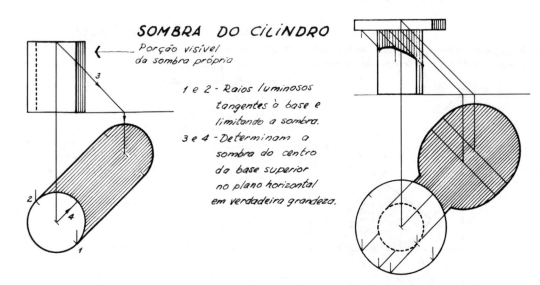

Daqui por diante, as sombras serão projetadas sobre as superfícies das figuras e não sobre os planos de projeção. Contudo, o plano horizontal permanece como plano do terreno ou da base.

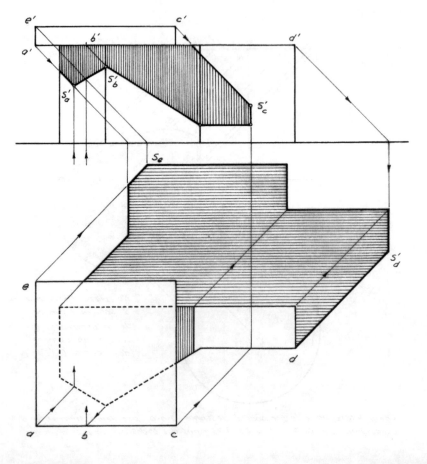

Sombras nas projeções ortogonais

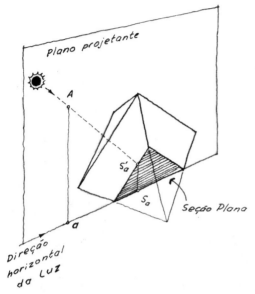

A sombra de uma figura geométrica, ao ser projetada sobre uma outra, deverá ser determinada pelo **PROCESSO DAS SEÇÕES PLANAS**, quando se tratar de planos oblíquos. A sombra do ponto A está contida no plano projetante que passa por este ponto e tem a direção da luz.

Nas projeções ortogonais temos a sombra do ponto A (a';a) sobre a pirâmide:

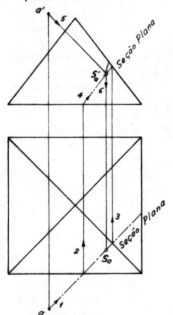

A sombra do segmento $\overline{AB}$ sobre a pirâmide foi determinada por uma seção plana para cada extremidade do segmento.

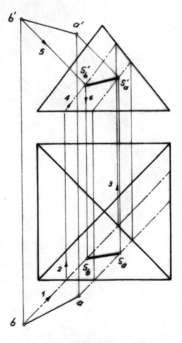

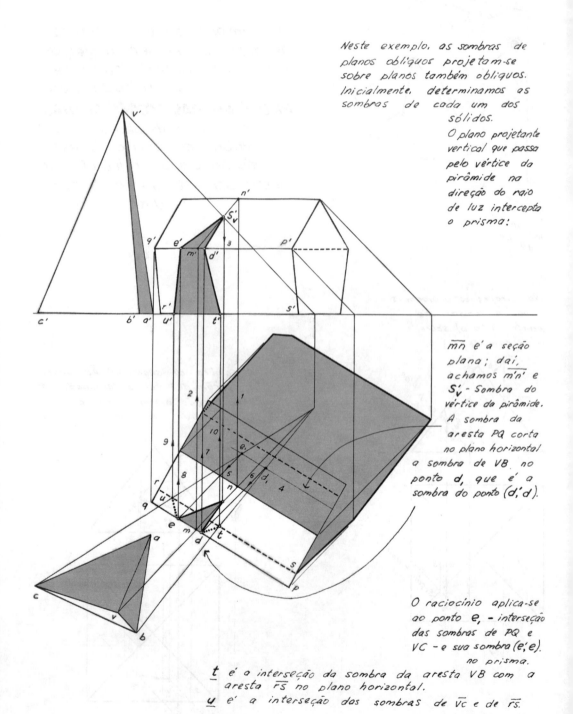

Neste exemplo, as sombras de planos oblíquos projetam-se sobre planos também oblíquos. Inicialmente, determinamos as sombras de cada um dos sólidos.

O plano projetante vertical que passa pelo vértice da pirâmide na direção do raio de luz intercepta o prisma:

$\overline{mn}$ é a seção plana; daí, achamos $\overline{m'n'}$ e S'_v - Sombra do vértice da pirâmide. A sombra da aresta PQ corta no plano horizontal a sombra de VB, no ponto d, que é a sombra do ponto (d', d).

O raciocínio aplica-se ao ponto e_1 - interseção das sombras de PQ e VC - e sua sombra (e', e). no prisma.

t é a interseção da sombra da aresta VB com a aresta $\overline{rs}$ no plano horizontal.

u e' a interseção das sombras de $\overline{vc}$ e de $\overline{rs}$.

Sombras nas projeções ortogonais

Nos exemplos que se seguem, os planos não são ambos oblíquos, de modo que voltamos a usar o processo anterior.

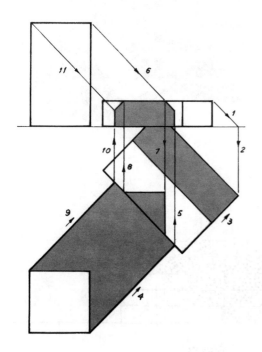

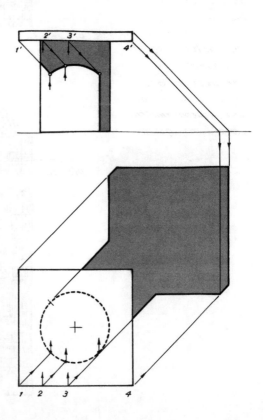

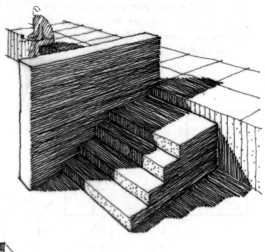

O desenhista deve pesquisar diversas técnicas de apresentação. Além das apresentadas neste capítulo, sugerimos o ensaio de técnica mista, usando lápis no traçado a instrumento e hidrocor nas sombras. No capítulo seguinte estudamos a Perspectiva das Sombras. Aqui vai uma pequena amostra para tomar gosto:

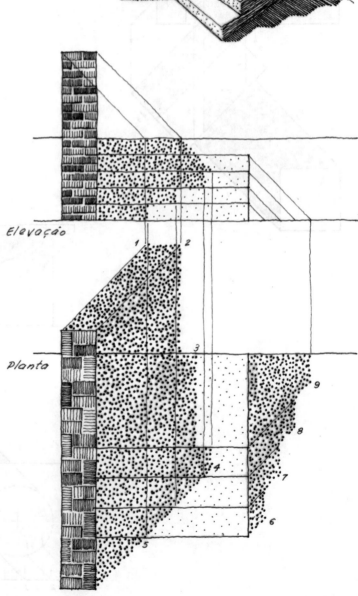

Elevação

Planta

Há quem prefira falar de
"Sombras na Perspectiva"
ou, ainda, de
"Perspectiva Aérea."
Porém, todos concordam em que
existem
2 tipos de sombra
quanto
à ORIGEM da
fonte de luz:

⓯ Perspectiva das sombras

1º SOMBRAS COM
ILUMINAÇÃO NATURAL

Com relação ao observador,
existem 3 POSIÇÕES do Sol:

a - O sol está AO LADO do   Páginas
     observador;   104 e 105

b - O Sol está na FRENTE do
     observador;   106 e 107

c - O Sol está por TRÁS do
     observador.   108 e 109

2º SOMBRAS COM
LUZ ARTIFICIAL   110

Nos livros mais antigos é
conhecido como
"Sombra ao archote."

O SOL ESTÁ AO LADO DO OBSERVADOR
(1.a)

Os raios luminosos são paralelos ao Quadro; portanto, seu paralelismo se mantém na perspectiva.

A inclinação habitualmente usada é a que faz ângulo de 45° com o plano horizontal, vindo os raios da esquerda para a direita.

O traçado é relativamente rápido e o efeito gráfico é agradavel.

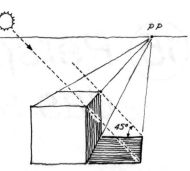

Desenhada a perspectiva do cubo, admitamos dada a INCLINAÇÃO dos raios solares.

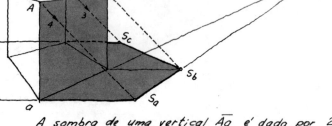

A sombra de uma vertical $\overline{Aa}$ é dada por 2 retas: uma horizontal passando pela base ou PÉ'(a) e a outra é o raio de luz passando pelo ponto mais alto ou CABEÇA(A). Elas se encontram em S_a. Esta ideia de PÉ e CABEÇA será usada nos próximos desenhos.

O TRAÇADO: No Plano Geometral (=horizontal) traçamos os raios limites 1 e 2 (pés). Nos vértices A e C (cabeças) traçamos paralelas aos raios dados: 3 e 4. Obtemos as sombras S_c e S_a. A mesma construção faremos na aresta B.

Verificações: A sombra $\overline{S_a S_b}$ da aresta $\overline{AB}$ tem como fuga F_2, pois são ambas retas paralelas e horizontais. Pelas mesmas razões, $\overline{BC}$ e sua sombra $S_b S_c$ têm por fuga F_1.

Perspectiva das sombras

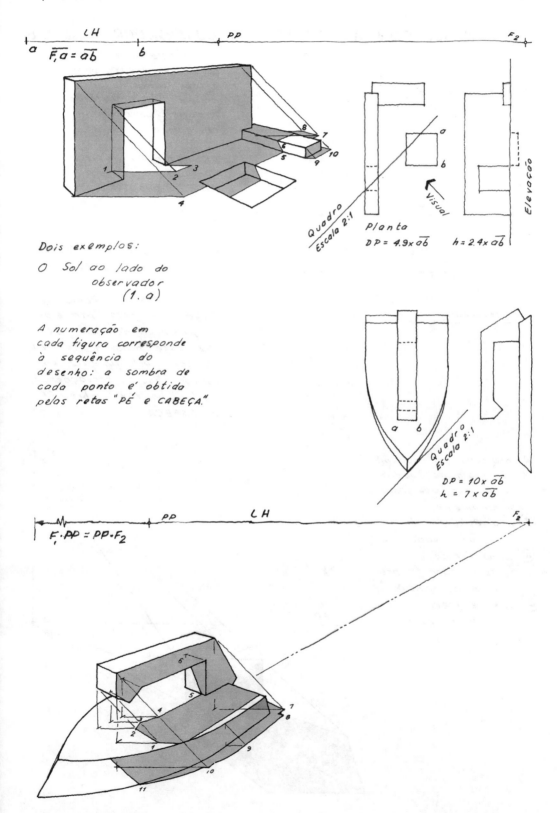

Dois exemplos:

O Sol ao lado do observador (1.a)

A numeração em cada figura corresponde à sequência do desenho: a sombra de cada ponto é obtida pelas retas "PÉ e CABEÇA."

O SOL ESTÁ NA FRENTE DO OBSERVADOR - Caso 1.b

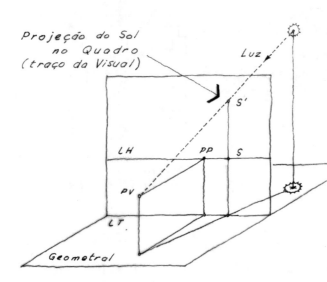

Projeção do Sol no Quadro (traço da Visual)

O Sol está atrás do quadro, é VISÍVEL para o observador e é considerado a distância INFINITA, portanto reduzido a um ponto.

Assim, a fonte de luz é Ponto de Fuga dos raios luminosos.

O Sol projeta-se no Quadro em S', acima da Linha de Horizonte.
O ponto S é o Ponto de Fuga das retas paralelas à projeção do raio de luz. Este ponto é, também, chamado PÉ DA LUZ, em função das observações da página 104 sobre PÉ e CABEÇA.

A projeção (ou imagem) do Sol está no Quadro e pode ser desenhada arbitrariamente...
① ... à DIREITA do observador;
② ... na frente do observador (sobre o ponto principal);
③ ... à esquerda do observador.

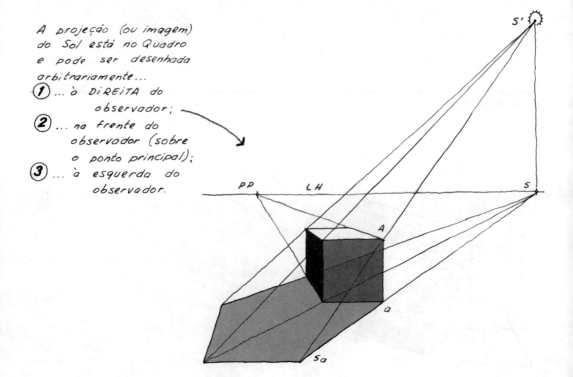

Perspectiva das sombras

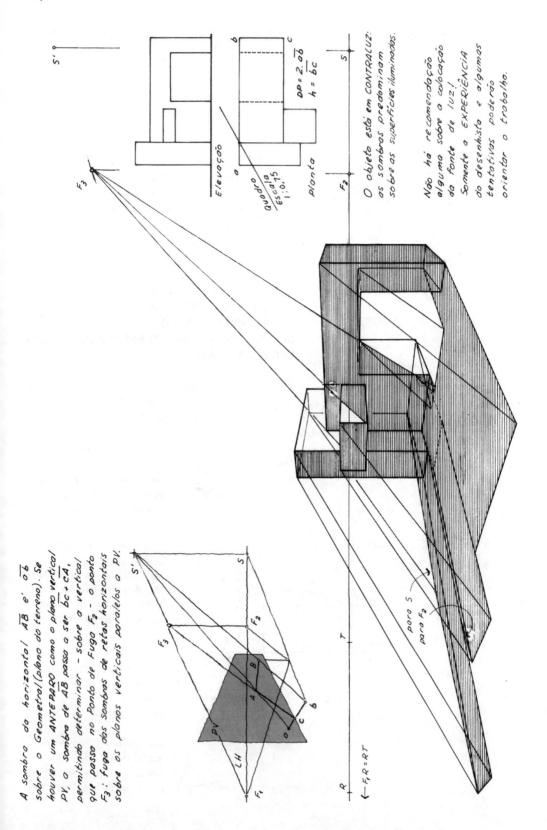

O SOL POR TRÁS DO OBSERVADOR
(1.c)

Estando por detrás do observador, o Sol não é visível e NÃO DÁ IMAGEM REAL, ao contrário do caso anterior (1.b). O processo de construção é idêntico ao caso anterior, sendo bastante introduzir o conceito de IMAGEM VIRTUAL do Sol, que estará abaixo da Linha do Horizonte.

No estudo deste caso, admitiremos a direção dos raios raios solares sendo paralela à DIAGONAL DE UM CUBO, isto é, a direção convencional das sombras nas projeções ortogonais.

Será fácil adaptar o traçado mostrado em seguida para outra posição do Sol. Isto será necessário quando se pretende colocar na perspectiva a SOMBRA REAL produzida num determinado lugar, dia e hora, ou quando se trata de fotomontagens. São dois assuntos a serem estudados nos próximos capítulos.

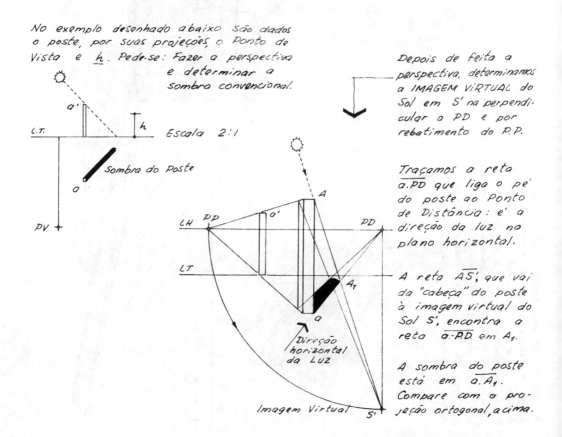

Perspectiva das sombras

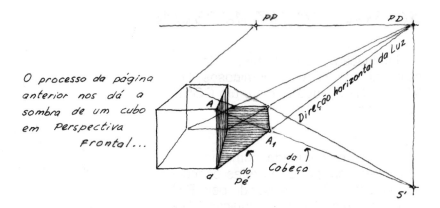

O processo da página anterior nos dá a sombra de um cubo em Perspectiva Frontal...

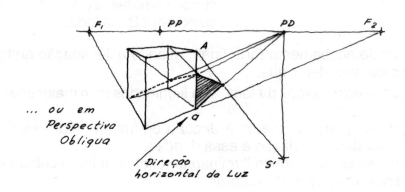

... ou em Perspectiva Oblíqua

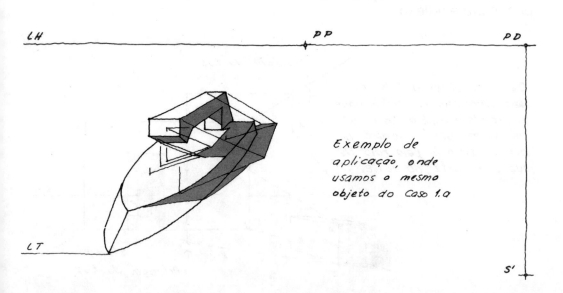

Exemplo de aplicação, onde usamos o mesmo objeto do Caso 1.a

SOMBRAS COM LUZ ARTIFICIAL

A iluminação artificial difere da luz solar por ter RAIOS luminosos DIVERGENTES, que formam um CONE cujo vértice é a fonte de luz.

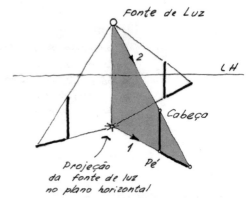

A sombra é determinada, como nos casos anteriores, por duas retas concorrentes: uma (nº 01) passando pelo PE' ou base e também pela projeção horizontal da fonte de luz, a 2ª reta (nº 2) vai da fonte de luz à CABEÇA (vértice superior). A reta 1 é a projeção horizontal da reta 2 e corresponde à direção horizontal da luz.

Podemos usar planos auxiliares definidos por retas como 1 e 2 (pé e cabeça) e que contenham a aresta, cujas sombras iremos determinar, como em AB, ao lado.

Nos desenhos de acabamento (arte final), quando a iluminação artificial é usada, devemos considerar que:
1. Os objetos mais próximos da fonte são iluminados com maior intensidade.
2. As superfícies perpendiculares à direção de luz são mais iluminadas que as inclinadas em relação a essa direção.
3. As superfícies claras e muito iluminadas refletem a luz recebida e dão origem a reflexos sobre as sombras.
4. A sombra projetada é mais intensa que a sombra própria.

Finalmente, a observação de casos reais ensina muito sobre luz, sombras, penumbra e reflexos.

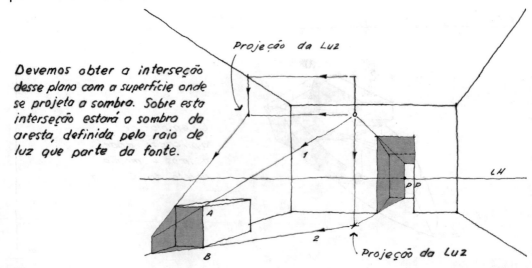

Devemos obter a interseção desse plano com a superfície onde se projeta a sombra. Sobre esta interseção estará a sombra da aresta, definida pelo raio de luz que parte da fonte.

A superfície polida ou ESPELHO tem a propriedade de refletir as imagens dos objetos colocados na sua frente.

Um PONTO REAL e sua imagem refletida estão a igual distância da superfície refletora, portanto, o espelho -quando é plano- é

⑯ Reflexos

uma superfície de simetria entre a imagem real e a refletida. Daí a razão do nome "SIMETRIA ESPECULAR" dado aos reflexos.

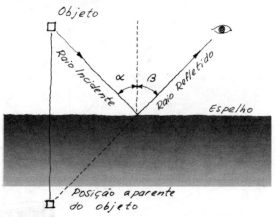

Todo espelho plano reflete os raios de luz, sendo o ângulo de incidência α igual ao ângulo de reflexão β.

Graficamente, o problema da reflexão consiste em determinar a FIGURA SIMÉTRICA, em relação ao espelho plano, do objeto dado.

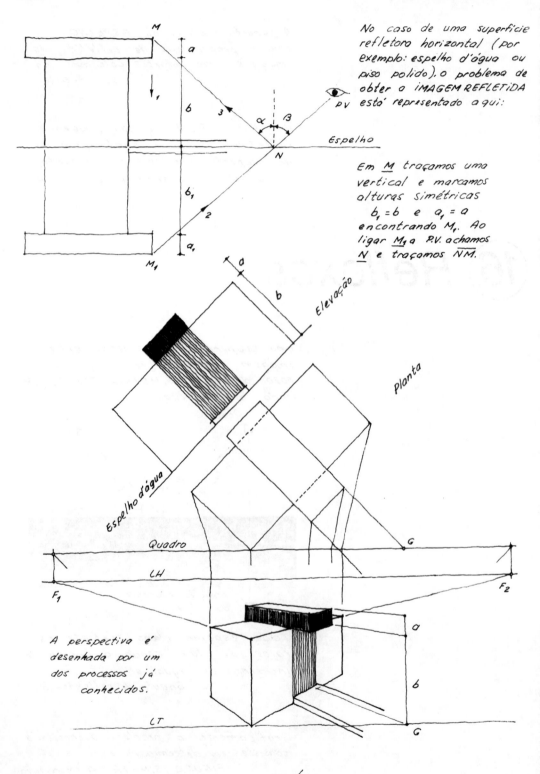

No caso de uma superfície refletora horizontal (por exemplo: espelho d'água ou piso polido), o problema de obter a IMAGEM REFLETIDA está representado aqui:

Em $\underline{M}$ traçamos uma vertical e marcamos alturas simétricas $b_1 = b$ e $a_1 = a$ encontrando M_1. Ao ligar $\underline{M_1}$ a P.V. achamos $\underline{N}$ e traçamos $\overline{NM}$.

A perspectiva é desenhada por um dos processos já conhecidos.

A vertical $\overline{AB}$ aparece refletida abaixo da superfície, com sua altura em $\overline{AB_1}$. Ligamos B_1 às fugas F_1 e F_2 e prolongamos para baixo as arestas verticais C e D, de modo a completar o reflexo do bloco maior.

Para obter a imagem refletida do bloco superior, daremos a solução geral para as imagens de pontos situados fora do quadro.

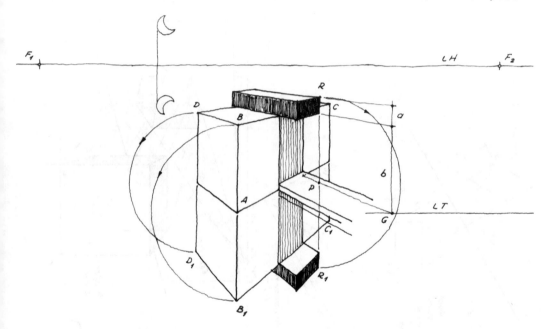

A imagem refletida do sol, da lua e das estrelas, por se tratar de figuras extremamente afastadas, é obtida por traçado SIMPLIFICADO, em que usamos a linha de horizonte como eixo de simetria.

A vertical G, por estar situada no Quadro (ver desenho anterior), fornece a escala de alturas em Verdadeira Grandeza e, sobre ela, encontra-se a horizontal GP de cota (altura) NULA, isto é, pertencente ao espelho d'água. A altura PR ao ser marcada simetricamente em PR_1 permite construir o bloco.

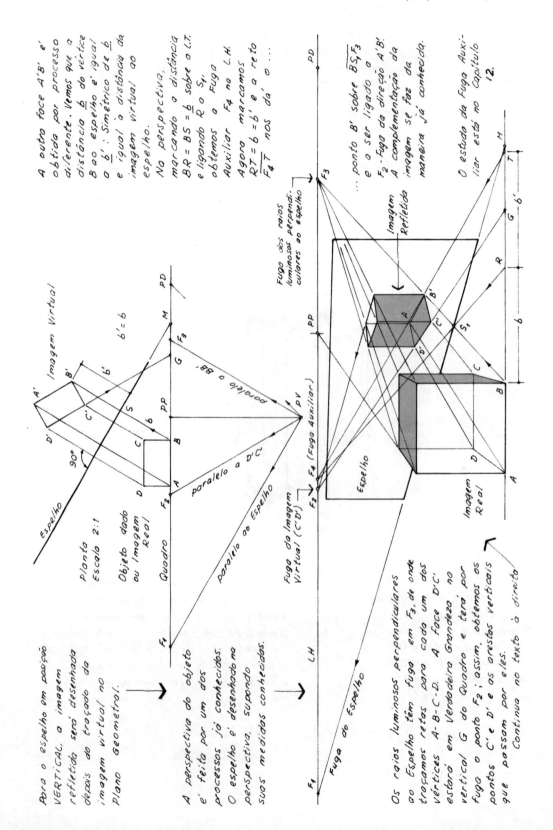

A fotomontagem é um meio de dar a sensação da existência real de um projeto ainda não construído. A imagem do projeto a construir será colocada na fotografia a partir de uma perspectiva desenhada com sombras e muita arte ou da fotografia da maquete.

(17.) *Fotomontagem*

Para isso serão necessários:

1. Levantamentos planimétricos e altimétricos da área fotografada (vizinhança do local onde será colocado o projeto). No caso de áreas externas, as plantas serão acompanhadas da orientação do terreno: Norte Verdadeiro ou Norte Magnético.
2. Fotografia da área onde será locado o projeto, incluindo o entorno, isto é, os arredores, prédio ou objetos vizinhos.
3. Indicação do dia, do mês e da hora em que foi tirada a fotografia, no caso de local ao ar livre.
4. Indicação da altura do observador, em outras palavras, a altura do eixo ótico da máquina fotográfica. Nas fotografias áreas, tiradas de avião ou helicóptero, esta altura deverá ser fornecida juntamente com a indicação do Ponto de Vista.

   Resulta mais simples tirar fotografias com altura normal do observador, tendo o eixo ótico da máquina na horizontal e dirigido para o local aproximado do centro geométrico do projeto a ser apresentado.
5. A fotografia (n° 2) deverá incluir elementos assinalados nos levantamentos do item 1 (ruas, edifícios, portas etc.) e será tirada em hora favorável aos efeitos de sombra, isto é, serão evitadas as sombras excessivamente alongadas ou encurtadas, dando-se preferência às direções aproximadas da diagonal do cubo (45° nas projeções ortogonais; ver Capítulos 14 e 15).
6. Desenhos completos do projeto a construir, incluindo plantas, cortes e fachadas que permitam o desenho da perspectiva, ou a maquete, de modo que sua fotografia substitua a perspectiva.

Como proceder num caso concreto?
A planta do nº 1 serve, inicialmente, para escolher a posição do Ponto de Vista, de onde será tirada a fotografia do nº 2.
A partir da fotografia ampliada (nº 2 da lista), devem ser determinados os pontos de fuga.
As linhas horizontais prolongadas darão as fugas e, em consequência, a linha de horizonte, que será perpendicular às linhas verticais.
Um ponto da fotografia deverá estar bem definido na planta, por exemplo, o ponto A. Estes três pontos, A, F_1 e F_2, serão marcados sobre uma régua ou tira de papelão.

Voltamos à planta e colocamos sobre ela a régua onde estão assinalados os pontos A, F_1, e F_2. Ao deslizar e girar esta régua, conseguimos encontrar a posição única em que estes pontos encontram as direções 1, 2 e A, traçadas na planta a partir do Ponto de Vista estabelecido previamente. Fica, pois, definida a direção e a posição do quadro.
Agora, o plano do Quadro corresponde ao plano da fotografia. Fizemos uma operação inversa da perspectiva, pois normalmente marcamos o quadro e, em seguida, determinamos os pontos de fuga.

Fotomontagem

Em geral, a planta é fornecida em escalas que vão de 1:1000 a 1:200; é a planta da locação ou da situação do item 1. Entretanto, as plantas baixas e os cortes são desenhados na escala de 1:100 ou de 1:50. E impraticável fazer a perspectiva com o quadro na escala de 1:200 ou 1:500 da planta da locação, pois os detalhes se perdem. A solução: na planta do projeto (suponhamos que seja de 1:100) marcamos o Ponto de Vista na MESMA POSIÇÃO da planta de locação, naturalmente obedecendo às escalas, isto é, se o PV, está na planta 1 (locação) a 35 metros de distância, esta mesma distância será marcada na planta do projeto (planta baixa) na escala de 1:100 ou 35 centímetros.

Portanto, atenção! A distância principal (D.P. ou d, na figura) que vai do Ponto de Vista ao Quadro NÃO VARIA, sejam quais forem os desenhos. Em outras palavras: a D.P. é constante, em cada exemplo, e será marcada na mesma escala da planta.

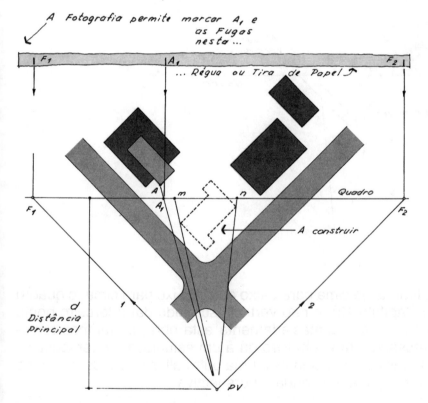

A finalidade destas operações é fazer com que a medida mn da perspectiva seja a mesma da fotografia.

Agora a perspectiva do projeto será traçada por um dos processos conhecidos. Uma vez concluída, seu contorno será recortado do papel e colado sobre a fotografia (nº 2), desde que se tenha o cuidado prévio de usar como referência a LH e uma das fugas. Tudo agora vai depender do artista. Cabe-lhe completar o traçado geométrico da perspectiva com sombras, tons de cores, reflexos, texturas gráficas etc.

Por meio de fotografia nº 2, quando é externa, podemos reconstruir as posições dos pontos de fuga S e S´ das sombras (ver no Capítulo 15 o caso 1.c). Não sendo isto possível, devemos recorrer ao gráfico de isolação do lugar e marcar as posições de S e S' na perspectiva. É esta a razão do item 3 da lista. Depois de concluídos os trabalhos de arte na perspectiva, tira-se uma nova fotografia da montagem (perspectiva + fotografia nº 2). Este novo negativo será ampliado para o tamanho que se desejar, dando a ideia de um conjunto real. Quando usamos a maquete em substituição à perspectiva, a planta nº 1 fornecerá a posição em que deverá ser colocada a máquina fotográfica de modo a manter as mesmas fugas na fotografia do terreno e da maquete. Não deveremos esquecer de anotar a altura da fonte de luz, a fim de harmonizar as sombras da maquete com as da fotografia nº 2.

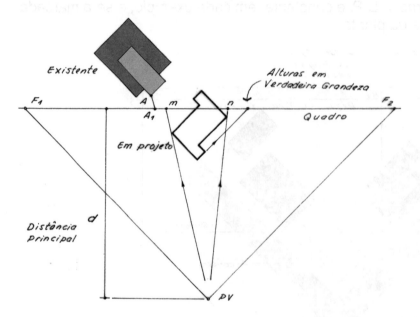

Nas fotografias tiradas de cima para baixo ou de baixo para cima, o quadro é oblíquo (ver o Capítulo 13), e não vertical, surgindo daí o terceiro ponto de fuga. Para não alongar demasiadamente esta obra, preferimos remeter o leitor interessado a um bom livro ou a um estudioso da perspectiva. Utilizar os programas computacionais é uma outra alternativa, desde que o usuário domine a máquina e entenda a perspectiva.

Bem à nossa frente está um sonofletor ou caixa de som.

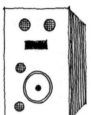

Se girarmos um pouco a caixa, torna-se visível uma face lateral:

⑱ Perspectiva paralela

Agora inclinamos a caixa um pouco para a frente, em nossa direção. Pronto!

É o desenho **ISOMÉTRICO**.

Três faces são visíveis; a figura tornou-se INTELIGÍVEL até mesmo para quem desconhece o Desenho Técnico, as projeções ortogonais e as Geometrias.

Como representaremos estas mudanças de posição em projeções ortogonais?

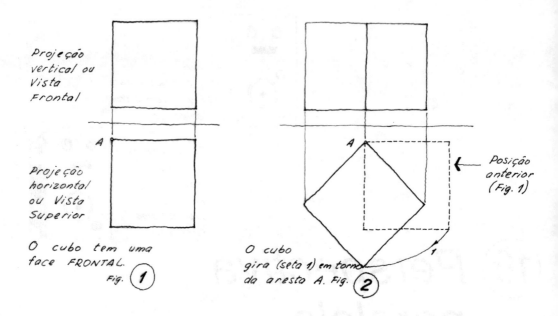

Projeção vertical ou Vista Frontal

Projeção horizontal ou Vista Superior

O cubo tem uma face FRONTAL. Fig. 1

O cubo gira (seta 1) em torno da aresta A. Fig. 2

Posição anterior (Fig. 1)

A PERSPECTIVA ISOMÉTRICA

corresponde à nova projeção vertical do cubo depois de inclinado.

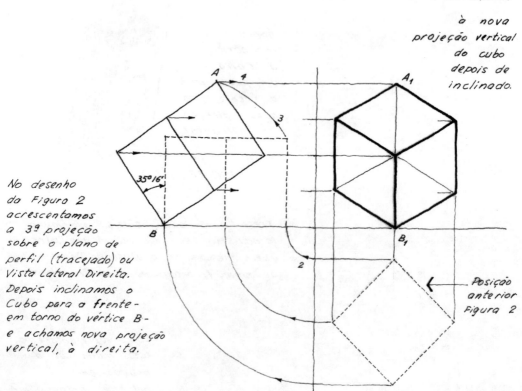

No desenho da Figura 2 acrescentamos a 3ª projeção sobre o plano de perfil (tracejado) ou Vista Lateral Direita. Depois inclinamos o Cubo para a frente — em torno do vértice B — e achamos nova projeção vertical, à direita.

Posição anterior Figura 2

Por causa da inclinação - ver página anterior - as arestas do cubo aparecem reduzidas: o comprimento de 10mm projeta-se com 8,16mm, o que se observa ao comparar as arestas do 1.º desenho com as do último cubo (isometria). Na prática, não se faz esta redução, mas alguns autores diferenciam:

Quando o desenho isométrico é apresentado ao lado das projeções mongeanas, a figura isométrica dá a impressão de aumento de tamanho. Em troca, a isometria apresenta as seguintes vantagens:

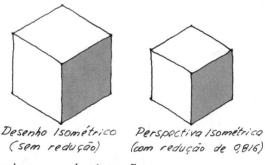

Desenho Isométrico (sem redução)   Perspectiva Isométrica (com redução de 0,816)

Os inconvenientes são:

1. A síntese da perspectiva: tudo se resume a uma só figura.
2. Facilidade de compreensão.
3. Clareza da ilustração.
4. Possibilidade de fazer medições no desenho.
5. Rapidez do traçado.

1. Deformação dando efeito irreal.
2. Somente podem ser medidas as linhas paralelas aos eixos.
3. O desenho de linhas curvas é trabalhoso.
4. A dificuldade de colocar muitas cotas.

O CÍRCULO ISOMÉTRICO

Na isometria as faces do cubo aparecem todas iguais e, por, esta razão, as circunferências inscritas nestas faces são também iguais.
O processo aproximado para o traçado das elipses correspondentes às circunferência é:

1. Achar os pontos de tangência (meio de cada aresta); a, b, c, d.
2. Ligar os vértices dos ângulos obtusos (B e D) aos pontos da tangência mais afastados.
3. Com centro em B e raio Ba, traçar o arco ad.
4. Com centro em M e raio Md, traçar o arco dc.
5. O restante da curva é traçado por meio de arcos cujos centros são N e D.

Atenção: este traçado é APROXIMADO, embora satisfatório para a maioria dos desenhos.

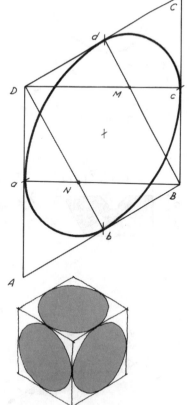

Círculos isométricos traçados nas faces do Cubo.

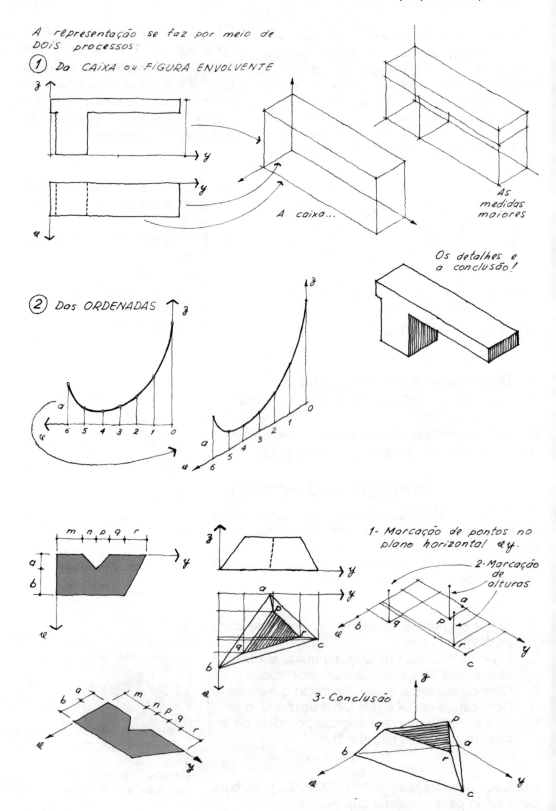

Perspectiva paralela

Uma outra representação axonométrica é obtida quando mudamos a direção dos eixos para esta:

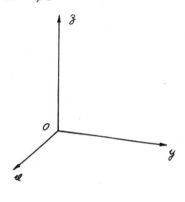

É a PERSPECTIVA DIMÉTRICA!
Seu nome vem do fato de possuir DOIS (=di) eixos com MEDIDAS (=metron) iguais.

Podemos desenhar os eixos dimétricos, sem o uso do transferidor, fazendo:

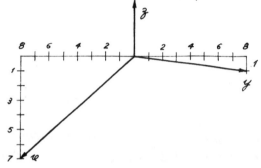

As medidas sobre os eixos Oy (comprimentos) e Oz (alturas) serão marcadas com suas dimensões inalteradas, enquanto as medidas sobre o eixo Ox serão reduzidas à METADE. Eis o cubo desenhado em perspectiva dimétrica:

Exemplos:
As figuras da página anterior estão desenhadas abaixo em Perspectiva Dimétrica.

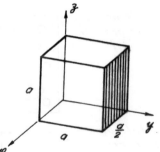

Desprezamos a redução das arestas por efeito de sua projeção, tal como fizemos no desenho isométrico.

Existem outras direções de eixos axonométricos, de menor aceitação, que podem ser usados na Perspectiva Dimétrica.

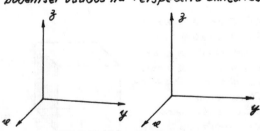

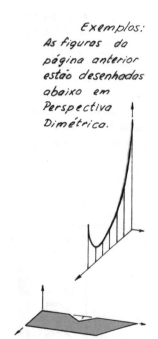

Existe, ainda, uma outra representação com eixos axonométricos chamada **PERSPECTIVA TRIMÉTRICA**, pelo fato de ter REDUÇÕES DIFERENTES para cada um dos 3 eixos. Aqui estão 2 desenhos do CUBO nessa perspectiva:

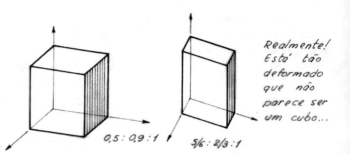

Realmente! Está tão deformado que não parece ser um cubo...

A perspectiva trimétrica é pouco utilizada, por conta da demora e do cuidado necessários para fazer reduções específicas para cada um dos 3 eixos.

Resumindo:
Já vimos a

Perspectiva
Axonométrica } 3 casos:
Ortogonal
 • Isometria
 • Dimetria
 • Trimetria

Iremos estudar outra projeção cilíndrica. (O capítulo 2 mostra os tipos de projeções.) Desta vez serão as projeções cilíndricas **OBLÍQUAS**, e não mais ortogonais: é a **PERSPECTIVA CAVALEIRA**.

Nela, as projeções são paralelas entre si, portanto, cilíndricas (Nos capítulos anteriores vimos estudando as projeções cônicas), porém NÃO PERPENDICULARES ao plano de projeções.

A caixa de som ou sonofletor vista no início deste capítulo aparece em projeções ortogonais assim:

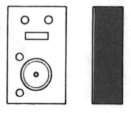

Se colocarmos na face frontal um eixo oblíquo ou fugitiva, teremos:

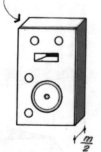

Há SEMPRE uma face paralela ao Plano Vertical, que é considerado como Quadro na Perspectiva Cavaleira.
Eis o cubo nesta representação:

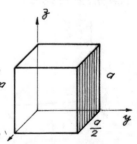

Perspectiva paralela

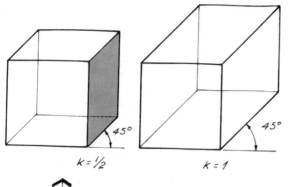

Na perspectiva cavaleira, as inclinações das fugitivas, com as respectivas reduções, mais usadas são:

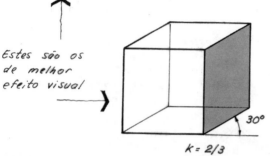

Estes são os de melhor efeito visual

Para uma boa apresentação dos desenhos em perspectiva cavaleira é necessário:

1) Colocar a maior dimensão do objeto no plano paralelo ao Quadro.

$\alpha = 30°$
$k = 2/3$

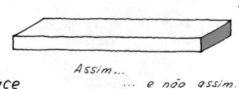

Assim... ... e não assim.

2) Uma face do objeto que tenha forma irregular ou circunferência será colocada no Quadro ou Plano Vertical.

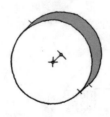

$\alpha = 45°$
$k = 1/2$

Assim... ... e não assim.

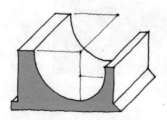

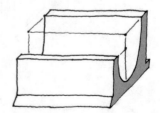

Como desenhar a circunferência contida num plano
       NÃO PARALELO ao quadro?

Por meio de ordenadas nesta sequência: 1) Traçar a circunferência e seu diâmetro;

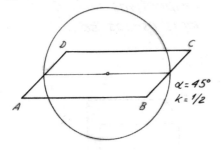

2) Desenhar no plano não paralelo o quadrado ABCD onde será inscrita a circunferência;

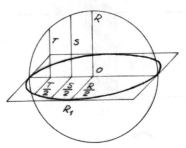

3) O raio OR (verdadeira grandeza) estará em OR_1 - paralelo à fugitiva BC - sendo $OR_1 = k \cdot \overline{OR} = \frac{\overline{OR}}{2}$. O raciocínio aplica-se a $\underline{S} \ e \ \underline{T}$ e, por simetria, repete-se nos demais quadrantes.

Qual dos desenhos - o da direita → ou o de mais abaixo da página - lhe parece mais agradável à primeira vista?

Provavelmente você escolherá o da direita. Veja, agora, com atenção: ambos são iguais! Eles diferem unicamente pela posição dos eixos x e y.

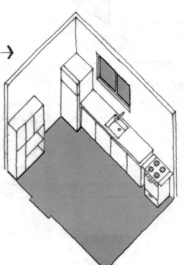

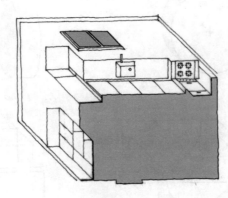

Com base no aspecto ético, somos daqueles que acreditam que o cliente deve ENTENDER e discutir o projeto. Cabe ao projetista usar os imensos recursos gráficos das perspectivas até o desenho artístico. Com isso evitaremos que o cliente PENSE uma coisa bem diferente daquilo que será construído.

É possível que, em futuro não muito remoto, a humanidade faça aproveitamento dos 81,3 quilowatts que o Sol fornece, sem poluição, sem usinas, sem fios e gratuitamente, por dia, sobre cada 100 metros quadrados da superfície terrestre.

Comparado ao consumo residencial da energia elétrica que é, em média, de UM quilowatt por pessoa e por dia, verificamos o tremendo desperdício que continua a ser feito.

19. Insolação

Para os arquitetos, o estudo da insolação tem como **OBJETIVOS** principais:

① A orientação adequada do prédio a ser projetado.

② O projeto de elementos de proteção contra insolação direta ou excessiva.

③ A solução de problemas de abertura de vãos: Maiores ou menores? Mais acima ou mais abaixo?

④ O efeito das construções entre si.

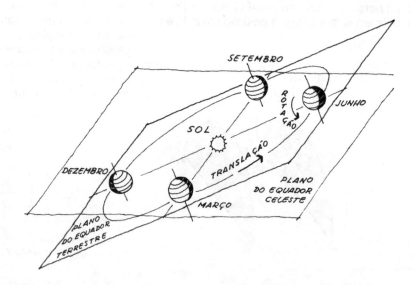

Ao considerar, também, o movimento de ROTAÇÃO da Terra, iremos obter sobre sua superfície as projeções do caminho do Sol: uma hélice esférica percorrida no sentido de 1 para 2 de JUNHO até DEZEMBRO e, em seguida, no sentido inverso, de 2 para 1, de DEZEMBRO a JUNHO. Isso é o que ocorre no hemisfério Sul.

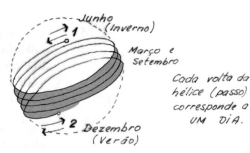

Cada volta da hélice (passo) corresponde a UM DIA.

Em MARÇO e SETEMBRO, os dias e as noites têm igual duração: é o EQUINÓCIO. Nos pontos 1 e 2, o movimento muda de sentido, como se tivesse havido uma parada: é o SOLSTÍCIO.
Solstício de Inverno: 21 de JUNHO
Solstício de Verão: 21 de DEZEMBRO

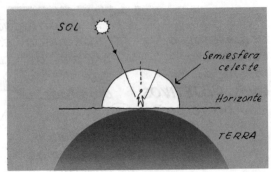

Estando o observador no Equador (Latitude zero) imaginamos sobre ele uma cúpula transparente (meia esfera) onde serão projetadas as diferentes posições do Sol a cada hora, ao longo de um ano. O observador vê o Sol percorrer o caminho do Leste para Oeste, num plano perpendicular ao do terreno. No dia 21 de Junho, o Sol nasce em A, passa pelo ponto mais elevado (ZÊNITE) ao meio-dia e se põe no lado oposto às 18 horas. A cada dia, o Sol nasce em posição B, C, ... mais para o Leste, até que no dia 21 de março nasce exatamente sobre o Leste e ao meio-dia estará sobre o observador, projetando sombras na direção vertical. Uma vareta perpendicular ao terreno, neste dia e hora, não teria sombra! O Sol continua seu percurso, e em Dezembro nasce em M, depois em N, até atingir a posição limite P, às 6 horas do dia 21 de Dezembro. Por efeito de movimento de translação da Terra, o Sol fará o percurso inverso, nascendo em N, depois em M, passa pelo Leste em 21 de Setembro, nasce depois em C, em B, até voltar a atingir o ponto A em 21 de Junho.

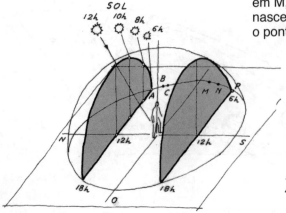

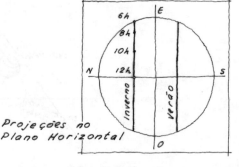

Projeções no Plano Horizontal

Insolação

Algumas definições:

MERIDIANO — Plano Vertical que passa pela direção Norte-Sul; a interseção desse plano com a semi-esfera celeste.

A — Posição aparente do Sol projetado sobre a semiesfera celeste. A posição é definida por:

α — Azimute: ângulo horizontal medido a partir do Norte.

λ — Ângulo que corresponde à ALTITUDE do Sol.

a — Projeção da posição do Sol sobre o Plano Horizontal.

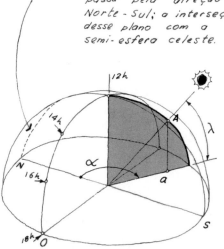

O observador colocado no Polo Sul tem 6 meses de Sol, durante 24 horas por dia. É o VERÃO:

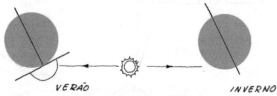

VERÃO   INVERNO

surge o Sol no horizonte. São 6 horas do dia 21 de Setembro. Ao meio-dia, o Sol permanece no horizonte, quase sem subir, apenas girando 90° do Leste para o Norte.

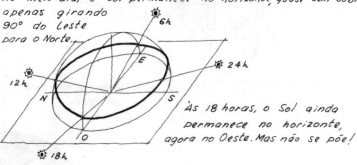

Às 18 horas, o Sol ainda permanece no horizonte, agora no Oeste. Mas não se põe!

O relógio marcará meia-noite e o Sol permanece muito pouco acima do plano do Horizonte, na direção Sul.

A cada dia, a altitude do Sol sobre o plano do Horizonte cresce lentamente, até que atinge, em 31 de Dezembro, a declinação ou altitude máxima: 23°27', aproximadamente.

E torna a descer até que desaparece, em 21 de Março, quando começa o Inverno: a noite de 6 meses.

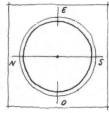

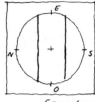
Equador

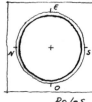
Polos

Entre as posições do Equador e dos Polos estão as regiões tropicais e as temperadas, onde as projeções do Sol sobre o Plano do Horizonte são diferentes das do Equador e dos Polos:

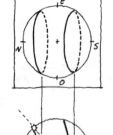

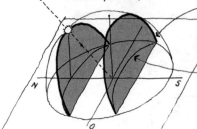

Projeção do percurso do Sol na Esfera Celeste (Hélice esférica, muito próxima da circunferência).

Projeção desta circunferência no Plano Horizontal.

Os Gráficos de Insolação são também chamados de Diagrama de AZIMUTES ou de Movimento APARENTE do Sol (o movimento, na realidade, é da Terra).

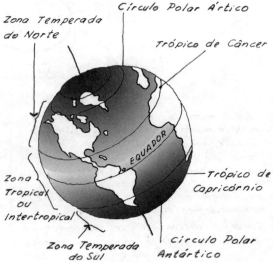

Círculo Polar Ártico
Zona Temperada do Norte
Trópico de Câncer
Zona Tropical ou Intertropical
Trópico de Capricórnio
Zona Temperada do Sul
Círculo Polar Antártico

Insolação

1. Com raio qualquer, representamos a esfera celeste na projeção vertical e marcamos a latitude igual ao diâmetro AB.
2. Traçamos CD, perpendicular a AB: o ponto D é o zênite nos meses de Março e Setembro.
3. De um lado e de outro de CD marcamos a eclítica e, em E e F. Em E, temos zênite no Solstício de Inverno (21-JUN) e em F, o zênite no Solstício de Verão (21-DEZ).
4. Desenhamos a projeção ho-rizontal da esfera celeste com os diâmetro Norte-Sul e Leste-Oeste.
5. A hélice esférica ou circunferência percorrida pelo Sol na esfera celeste no dia 21 JUN é a linha tracejada EH (diâmetro) na projeção vertical.

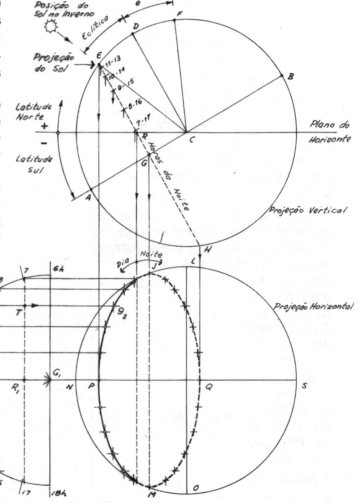

CONSTRUÇÃO DO GRÁFICO DE INSOLAÇÃO

Eclítica e = 23°30'
Latitude -30° ou 30° SUL; corresponde à cidade de Porto Alegre

6. Essa circunferência projeta-se no plano horizontal como uma ELIPSE: seu diâmetro maior é JM, e seu diâmetro menor é PQ, projeção de EH.
7. A circunferência do item 5 tem seu centro em G e está rebatida em Verdadeira Grandeza no plano horizontal com centro em G_1.
8. Dividimos a metade superior da circunferência rebatida em 12 partes, correspondente às horas de 6 às 18h, e transportamos GR, da projeção vertical, para o rebatimento em G_1R_1. O arco de circunferência à esquerda de R_1 corresponde às horas do DIA; à direita de R_1, às horas da NOITE.

Continua

CONSTRUÇÃO DO GRÁFICO DE INSOLAÇÃO (continuação)

9. Os pontos de divisão do item 8 nos dão as horas na elipse do n° 6; por exemplo: na circunferência rebatida, às 9 horas corresponde a altura 9_1T, acima de R_1, que prolongamos para a direita e transportamos para R.9 na projeção vertical. Projetando o ponto 9 para a Projeção Horizontal, obtemos 9_2 da elipse.

10. Em F, teremos a hélice esférica ou circunferência que corresponde ao movimento do Sol no Solstício de Verão é uma 2.ª elipse na Projeção Horizontal a ser traçada de modo idêntico aos N°s 6-7-8-9 da página anterior.

11. Dividimos o arco EF = 2.e em 6 partes iguais, que corresponde aos meses de JUN - JUL - AGO - SET - OUT - NOV - DEZ, no sentido horário, e, no sentido anti-horário, a DEZ - JAN - FEV - MAR - ABR - MAI - JUN. Assim, nos meses de JAN e NOV a insolação é a mesma, assim como em FEV e OUT.

12. Projetamos, no plano horizontal, os pontos da divisão do arco EF, obtendo os diâmetros de cada elipse (par de meses), Os diâmetros maiores estão na projeção vertical, como no item 5. O rebatimento dessas circunferências, como no item 7, permitirá traçar a elipse na Projeção Horizontal.

13. A construção repete-se para cada um dos 5 pares de meses. JAN - NOV, FEV - OUT, etc.

14. Nos gráficos que acompanham este livro, os ângulos de altitude do Sol estão desenhados separadamente. Trata-se de comodidade para fins profissionais na arquitetura, pois a altitude do Sol pode ser obtida a partir da Projeção Horizontal: o Gráfico propriamente dito, como mostraremos nos problemas resolvidos a seguir.

Ver Gráficos de Insolação nas páginas 152 a 155.

Insolação 133

UTILIZAÇÃO DO GRÁFICO DE INSOLAÇÃO

1 DETERMINAÇÃO DA ALTITUDE DO SOL

Devemos conhecer os seguintes dados:
  Data: 21·JUN
  Hora: 13h
  Gráfico de Insolação do lugar:
  Recife - Latitude 8°SUL.
É reproduzida apenas a parte que interessa ao problema:

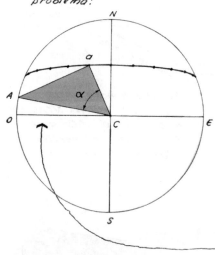

Percurso do Sol na Esfera Celeste em 21 JUN

Projeção do percurso do Sol em 21 JUN

Projeção do percurso do Sol em 21·DEZ

O ponto A (em que a direção do raio de Sol encontra a esfera celeste) projeta-se em $\underline{a}$, no plano horizontal que corresponde ao Gráfico, sobre a elipse do mês de Junho.

AaC é um triângulo retângulo, sendo
  $A\widehat{a}C = 90°$
  $OC = AC$ = raio do Gráfico
  $aCA = \alpha$ = altitude do Sol

O triângulo AaC, contido num plano vertical, pode ser rebatido sobre o plano horizontal.

Nas aplicações à Arquitetura, a solução deste problema acarreta perda de tempo. Daí, a indicação destas altitudes, de hora a hora e de mês a mês, em nossos gráficos.

Estes desenhos permitem a construção do ângulo α (altitude) por meio de ordenadas ou por meio de compasso, dispensando o uso do transferidor - pouco preciso e nem sempre à mão.

2 DETERMINAÇÃO DAS SOMBRAS

São dados:
Dia: 21 DEZ
Hora: 15h
Latitude: -8°
{ Orientação, planta e altura do prédio

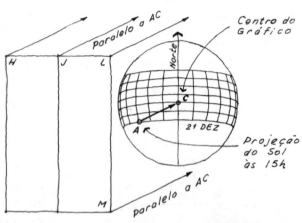

Em papel transparente desenhamos a planta e o corte. Colocando nosso desenho **SOBRE** o Gráfico de Insolação do lugar, fazemos coincidir o Norte indicado na planta e o do Gráfico.

No dia e hora dados, a DIREÇÃO HORIZONTAL da Insolação é $\overline{AC}$, que traçamos nos vértices da planta: H - J - L - M.

Nos vértices do prédio forma-se um triângulo retângulo NMP, onde conhecemos:
MP - Paralelo à direção $\overline{AC}$ do Sol;
MN - Altura do prédio;
NMP - Ângulo reto;
α - Altitude do Sol dada no Gráfico ou obtida pelo processo da página anterior.
O triângulo MNP pode ser desenhado, já rebatido sobre o plano horizontal, depois de desenhado em M (abaixo) o ângulo β = 90-α. Conhecendo a direção N,P, paralela a AC, encontraremos o ponto P.

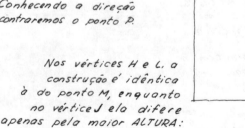

Nos vértices H e L, a construção é idêntica à do ponto M, enquanto no vértice J ela difere apenas pela maior ALTURA: a cumeeira $\overline{JR}$.

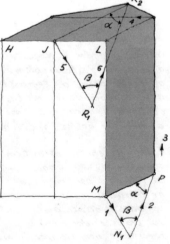

③ DURAÇÃO DA INSOLAÇÃO

Trata-se de determinar o horário de insolação de uma fachada, de mês a mês.
Conhecemos: A orientação da fachada
O Gráfico de Insolação do lugar, que, no exemplo, é o de Latitude 8° SUL.

As direções de Insolação convergem sempre para o Centro do Gráfico.

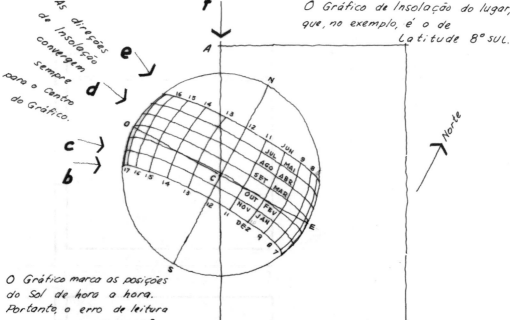

O Gráfico marca as posições do Sol de hora a hora. Portanto, o erro de leitura ou a aproximação será INFERIOR a UMA HORA.

Quando a planta apresentar somente o Norte Magnético, deverá ser determinado o Norte Verdadeiro ou Norte Astronômico.

Desenhamos a planta em papel transparente e fazemos coincidir o Norte da planta e o do Gráfico. A fachada AB receberá Sol nas direções compreendidas entre ⓐ e ⓕ, à esquerda, no desenho.

Fazendo as leituras no gráfico, temos:
a - No Solstício de Verão (21 DEZ), a fachada AB recebe Sol de 11h 30m até 18h 10m, aproximadamente.
  ↳ Direção b

b - No Solstício de Inverno (21 JUN), a fachada AB recebe Sol de 13h 15m até as 17h 30m, aproximadamente.
  ↳ Direção e

c - No dia 21 dos meses de JAN e NOV a fachada AB recebe Sol de 11h 45m até as 18h 05m, aproximadamente.
  ↳ Direção c

Para os meses restantes, a leitura será feita pelo mesmo processo.

4 PROJEÇÃO DE UM VÃO NAS PAREDES E NO PISO

Trata-se de determinar a ÁREA BANHADA DE LUZ. A solução que apresentaremos refere-se a uma data prefixada; o estudo poderá ser ampliado para abranger um intervalo maior de tempo.

a- O vão ABED da parede de uma sala representada em PLANTA e em CORTE ←
b- Latitude 8° SUL (Recife)
c- Data 21 JUL
         21 MAI

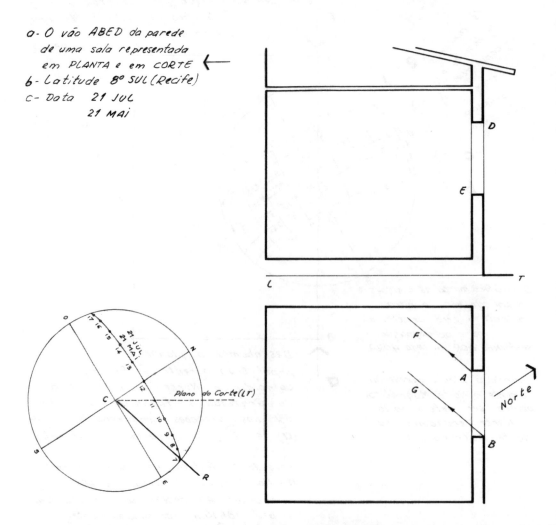

Depois de ajustar o Norte da planta, desenhada em papel transparente, e o do Gráfico, marcaremos na planta as direções AF e BG, paralelas a RC do Gráfico - que corresponde às 7 horas.

Na Projeção Vertical (Corte), o traçado deverá sofrer um ajuste...

Insolação

Não podemos levar DIRETAMENTE para o plano do Corte a Altitude α do Sol — dada no Gráfico — pois o plano do Corte NÃO COINCIDE com o plano do Raio de Luz!

Faremos, portanto, a projeção do plano que contém o Raio de Luz sobre o plano do corte: a direção RC da luz projeta-se em CR_1, e a altura h é obtida ao construirmos o ângulo $\alpha = RCM$. A altura será a mesma ao ser projetada no plano do corte. Assim, obtemos a direção CM, ou ângulo α_1, a ser transportado para o corte dado.

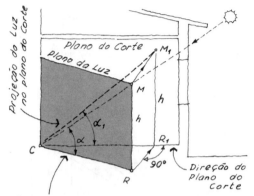

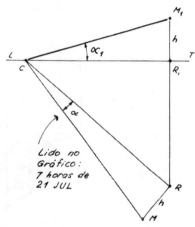

Lido no Gráfico: 7 horas de 21 JUL

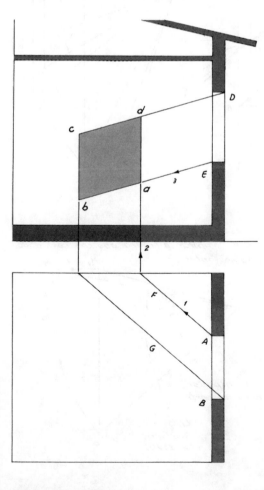

*Uma vez conhecidas as direções das projetantes horizontais e verticais, obtemos **abcd** (ver setas) na parede lateral, como projeção do vão ABED.*

A sequência e a conclusão deste traçado para as demais horas está na página seguinte.

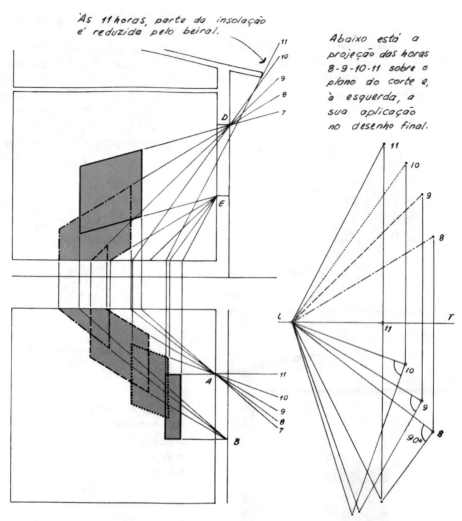

Às 11 horas, parte da insolação é reduzida pelo beiral.

Abaixo está a projeção das horas 8-9-10-11 sobre o plano do corte e, à esquerda, a sua aplicação no desenho final.

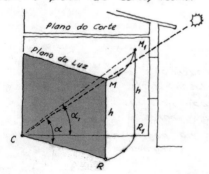

Poderemos fazer, em lugar da PROJEÇÃO do raio de luz sobre o plano do CORTE, a rotação ou REBATIMENTO do triângulo MRC sobre o plano do Corte, assim:

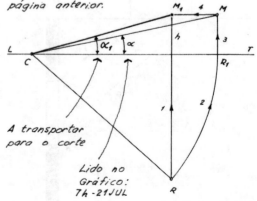

O resultado, evidentemente, será o mesmo! Basta comparar a figura abaixo com a da página anterior.

A transportar para o corte

Lido no Gráfico: 7h - 21 JUL

Insolação

5 O QUEBRA-SOL VERTICAL
↑
É o "brise-soleil" dos franceses.

A análise dos gráficos de insolação apresentados, todos do hemisfério sul, mostra que se uma fachada estiver voltada para o Leste ou Oeste – de uma maneira geral – poderemos proteger um vão ou a própria parede, de maneira a impedir a passagem dos raios solares. É possível, ainda, limitar a passagem a um horário prefixado, por exemplo, das 8 da manhã até as 16 horas.
No problema que resolveremos em seguida, a passagem do Sol deverá ser bloqueada das 8 até as 17 horas, isto é, durante o período em que o aquecimento pelo Sol é mais acentuado.

Entendemos que a proteção deverá ser feita durante o ano inteiro, pois a Fachada MP recebe calor no horário da manhã, durante todos os meses do ano.
O estudo de duas lâminas do quebra-sol mostrará seu espaçamento e sua direção: definidas estas condições, as lâminas serão repetidas, de modo a preencher todo o vão AB. Ampliamos, portanto, o desenho em que colocaremos DUAS lâminas capazes de evitar a penetração do Sol a partir das 7h30m de 21 DEZ: a direção do Sol é obtida no Gráfico e as lâminas serão desenhadas perpendicularmente a esta direção. O projetista deverá ter em mente se deseja lâminas de grandes dimensões e espaçadas ou, ao contrário, peças leves e repetidas a espaços curtos. A maneira de resolver é a mesma nos dois casos, entretanto, escolhemos a 1ª hipótese pela melhor visualização do desenho.

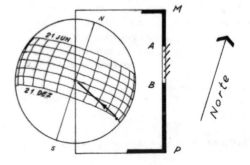

Problema: O vão AB da Fachada MP deverá ser protegido da insolação por meio de lâminas verticais.
Dados: Latitude 8° SUL (Recife)

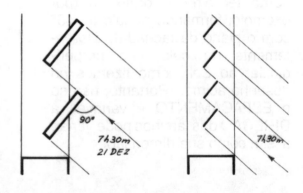

No extremo oposto, no Inverno, dia 21 JUN,
a direção dos raios solares é outra e
o espaçamento do desenho anterior
já não satisfaz, pois
o Sol passa entre
as lâminas.

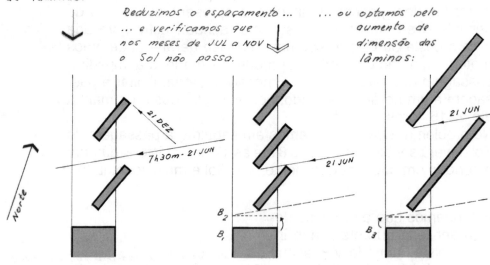

Reduzimos o espaçamento...
... e verificamos que
nos meses de JUL a NOV
o Sol não passa.

... ou optamos pelo
aumento de
dimensão das
lâminas:

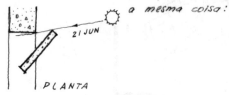

Devemos verificar na planta se ocorre
a passagem de Sol entre a 1ª lâmina
e a ombreira do vão, como no
ponto B_1 do 2º desenho, que será
deslocado para B_2. Na outra
extremidade do
vão poderá ocorrer
a mesma coisa:

PLANTA

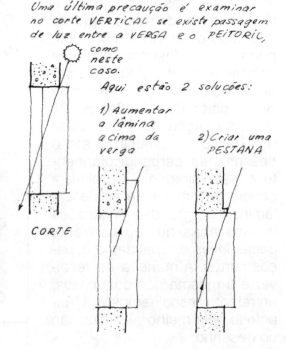

Uma última precaução é examinar
no corte VERTICAL se existe passagem
de luz entre a VERGA e o PEITORIL,
como
neste
caso.

Aqui estão 2 soluções:

1) Aumentar
a lâmina
acima da
verga

2) Criar uma
PESTANA

CORTE

Observemos que as lâminas poderão ter direção prefixada (por exemplo: formando ângulo de 45° com o plano da fachada), diferentemente da colocação perpendicular ao Sol, como fizemos no desenho acima. Portanto, não só o ESPAÇAMENTO é variável; a DIREÇÃO das lâminas pode variar, assim como sua dimensão.

← 6   O QUEBRA-SOL HORIZONTAL

→ *Deveremos limitar o estudo às horas em que as altitudes do Sol são mínima e máxima, respectivamente 8 = 16h e 12h. Para o traçado usamos as posições extremas; desta forma, entre as horas 8 e 16h, escolhemos 8h, uma vez que às 16h a direção de insolação tende para a paralela à Fachada MN. A direção e o espaçamento das lâminas serão desenhados no corte; isso faz recair no PROBLEMA N.º 4: projetar sobre o plano do corte o ângulo α (Altitude do Sol) lido no Gráfico.*

No hemisfério sul, uma fachada ou um vão voltados para o Sul não recebem proteção satisfatória contra a insolação quando pretendemos usar lâminas verticais: no solstício de verão, as lâminas que protegem do Sol da manhã deixam passar livremente os raios solares nas horas da tarde. O problema poderá ser resolvido por meio de QUEBRA-SOL móvel ou por meio de lâminas HORIZONTAIS. Estudaremos a 2ª hipótese:
O vão FS da Fachada Sul deverá ser protegido da insolação no intervalo entre as 8 e 16 horas por meio de um quebra-sol de lâminas horizontais.

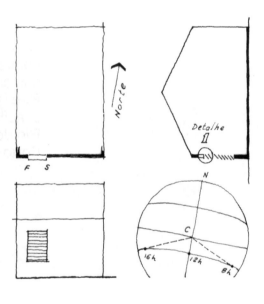

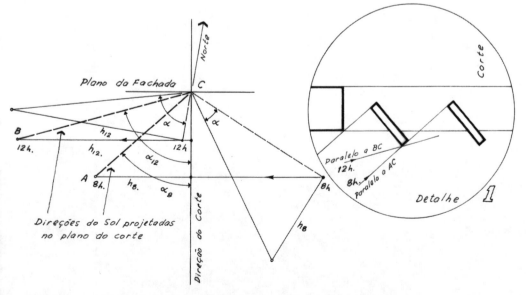

Estes são os problemas básicos sobre insolação. Dezenas
de outros podem ser formula-
dos. O correto entendimento
da matéria aqui exposta dará
ao leitor a condição de resol-
vê-los. O assunto, no entanto,
é muito vasto e este capítulo
deve ser o ponto de partida
para estudos mais profundos.

Nas últimas páginas deste livro, o leitor en-
contrará os Gráficos de insolação de diver-
sas cidades brasileiras:
Recife Latitude   8° Sul;
Brasília   16° Sul;
Rio de Janeiro   23° Sul;
Porto Alegre   30° Sul.

O título soa bem, mas, na realidade, devemos usar a ordem inversa: a decisão deve preceder a ação! E a decisão será resultante de atividade RACIONAL: pensar e pesar as condições e os fatores envolvidos.

Nos desenhos que apresentaremos, exemplos de trabalhos profissionais de Arquitetos, o leitor poderá observar:

20. *Ação e decisão*

1. O traçado geométrico não é o objeto FINAL da perspectiva. Ele é um MEIO para atingir o FIM: um trabalho artístico, exato e compreensível, mas, sobretudo, agradável à vista.
2. O tratamento artístico e a expressão gráfica variam com o gosto, a tendência e a habilidade de cada desenhista.

Lembramos, mais uma vez, que o cliente, em muitos casos privado da formação técnica específica, poderá não entender de plantas, de cortes, de fachadas, de especificações, mas apreciará SEMPRE uma perspectiva benfeita. Em palavras mais diretas: muitas vezes o cliente compra a Perspectiva. O projeto vai a reboque!

Nosso livro, uma introdução para estudos mais profundos de Perspectiva, não trata da parte artística. Limitamo-nos à apresentação de alguns bons exemplos. E reconhecemos que faz falta, nesta área, um livro direto o objetivo.

Antes de chegar aos exemplos, digamos que o leitor é consultado para fazer algumas perspectivas. Como agir? Tentaremos dar uma orientação.

Você recebe a coleção de plantas de um **PROJETO** e é consultado para fazer as **PERSPECTIVAS**.

Por onde começar?

1 - **Quantas** perspectivas você tem tempo para fazer? Estude as prioridades.

2 - Que **TIPO** de perspectiva?

a - Apenas a ideia geral da forma (volumetria).

b - Desenhos mais elaborados.

c - Uso de cores.

d - Que tipo de papel? Como ficarão as cópias?

e - De que **materiais** você vai precisar? Você tem em **estoque**? A loja está aberta?

3 - Qual o **tamanho** dos desenhos?

4 - Quais as vistas que melhor definem o projeto? Perspectiva de exterior ou de interior? Perspectiva da entrada?

5 - Acentue os aspectos **ORIGINAIS** do projeto e os seus pontos positivos.

6 - Faça perspectiva de detalhes.

7 - Escolha o Ponto de Vista e a Altura do Observador.

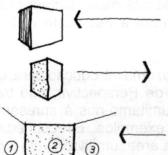

Dê preferência à perspectiva oblíqua com faces a 30 e 60° com o Quadro.
Em objetos simétricos, evite a perspectiva a 45°.

Em perspectivas de interiores dê preferência à apresentação de 3 planos verticais.

8 - Desenhe pessoas e objetos que estabeleçam a **ESCALA** do projeto.

9 - Evite a coincidência de pontos e de retas.

Ação e decisão

Desenho: Arquiteto Ernesto Vilaça

Projeto: Arquitetos Cleo R. Costa Leite
Gildo A. Montenegro

Obra: Agência Bancária no Recife, PE

Desenho: Arquiteto Niepce C. Silveira
Recife, PE

Ação e decisão 147

Desenho: Arquiteto Gildo Montenegro
Recife, PE

É o mesmo projeto da página anterior, entretanto, a apresentação é bem diferente.

148

A perspectiva dos profissionais

Desenho: Arquiteto Ernesto Vilaça
Projeto: Arquitetos Alex Lomachinsky e Emmanuel Lins e Mello
Obra: Edifício de apartamentos em Boa Viagem (Recife, PE)

PASSADO E FUTURO
2.800 a.C.: O começo?

No Antigo Egito, a representação do espaço tridimensional resumia-se a fazer as coisas mais próximas aparecerem maiores e os objetos mais afastados serem desenhados em tamanho menor. A representação, porém, não era fiel: a hierarquia predominava. Assim, o faraó e o sacerdote eram desenhados maiores do que o soldado, o felá ou o homem do povo.

# 21. *História*

OS HELENOS
Na Grécia já se conheciam, pelo menos, noções elementares da Perspectiva. A fama de seus pintores persiste ainda hoje, mas suas obras não chegaram até nós. Euclides, matemático e geômetra, escreveu um livro sobre Perspectiva.
Tal como as pinturas Gregas, as pinturas murais de Pompeia certamente refletem a continuação dos conhecimentos dos gregos transmitidos aos pintores romanos. Com o passar dos anos, a Perspectiva deixou de ser usada, provavelmente por desconhecimento. Na Idade Média, os pintores retomam as experiências que levarão à descoberta da Perspectiva.

O RENASCIMENTO
Em fins do século XV, pintores italianos vão, pouco a pouco, estabelecendo uma teoria da Perspectiva.
Na época barroca, os artistas europeus descobrem a pintura chinesa com sua perspectiva imprecisa, apesar de ser, como representação, quase fotográfica. Entretanto, os chineses usavam vários pontos de vista em uma só pintura e essa maneira acabou sendo usada na pintura mural rococó.
Por coincidência ou não, quando a Perspectiva atingiu tal grau de complicação e inexatidão, foi descoberta a Fotografia.

TEMPOS ATUAIS

A Fotografia deixou a Perspectiva fora de moda. Contudo, o fotógrafo deve conhecer as regras para escolher bons pontos de fuga, a correta colocação do ponto de vista e uma adequada disposição das sombras.

Em época recente, a gráfica computacional criou novas aplicações da perspectiva, em particular, pela rapidez de trabalho. Em questão de segundos, podem ser feitas perspectivas externas ou internas, como se o observador andasse em torno do prédio projetado. Isso permite ao projetista corrigir, eventualmente, sua concepção antes de transportá-la para o projeto definitivo.

Desta forma, o projetista pode apresentar seu trabalho com perspectivas autênticas, independentemente da conclusão das maquetes ou da construção.

Outra aplicação da Perspectiva conjugada a computadores e a raios lasers é a complementação e interpretação da fotografia, de modo a permitir o levantamento de edificações, de terrenos ou da obras de arte, tais como edificações, esculturas e joias. É um levantamento tão completo como exato.

NO FUTURO

A perspectiva cônica tem alguns inconvenientes: o ponto de vista estático, a deformação lateral, o paralelismo das verticais, o ângulo visual pequeno. Os dois últimos podem ser corrigidos, em parte, quando usamos o quadro inclinado; contudo, o desenho de prancheta resulta extremamente trabalhoso. É um inconveniente que se pode superar com a gráfica computacional.

Se aceitarmos as teorias recentes sobre o funcionamento da visão e do cérebro, deveremos partir para a adoção de novos princípios: o ponto de vista (olho) movimenta-se, percorre os objetos (como a televisão) em linhas e pontos sucessivos que são localizados e focalizados. No cérebro, forma-se a imagem completa, soma de muitas imagens parciais. Cada imagem tendo seu próprio ângulo visual, as aberturas angulares são definidas por arcos e não por retas (Não se trata de puro acaso o fato de que esta ideia coincide com a moderna teoria da estrutura do Universo!). E os arcos devem ser representados sobre uma superfície esférica. É o que se faz na fotografia com a lente grande angular do tipo "olho-de-peixe".

A teoria da Perspectiva Esférica não é mais complicada do que a da Perspectiva Cônica, que acabamos de estudar. Ocorre, apenas, que a representação da perspectiva esférica não é cômoda, não é adequada aos instrumentos tradicionais: régua, esquadros e compasso.

Os programas computacionais superam essa inadequação. É, portanto, um vasto campo aberto aos estudiosos.

A – Sobre perspectiva

1. ÁLVARO JOSÉ RODRIGUES. Perspectiva Paralela. Rio de Janeiro: Imprensa Oficial, 1948. (O título pode enganar; trata de Perspectiva Cônica; dá uma classificação das projeções e apresenta as perspectivas paralelas.)
2. FRED DUBERY. Drawing Systems. New York: Reinhold, 1972.
3. IGNACIO MARIA ADROER. Proyeciones Cônicas. Madrid: Dossat.
4. GEORG SCHAARWÄCHTER. Perspectiva para Arquitetos. Barcelona: Gilli, 1987.

Livros recomendados

B – Sobre sombras

1. ARMANDO CARDOSO. Sombras e Perspectivas. Rio: H. Antunes, 1947.
2. WILLY A. BARTSCHI. Estúdio de las Sombras en La Perspectiva. Barcelona: Gilli, 1980.

Sobre fotomontagem

1. MAURÍCIO DO PASSO CASTRO. A Fotogrametria no Programa de Perspectiva. Recife: Tese para Concurso, 1960.
2. RENZO GIANINI. Perspectiva. Buenos Aires: Alsina, 1957.

C- Sobre insolação

1. ATÍLIO CORREIA LIMA. Insolação da Fachada. Rio de Janeiro: Suplemento Técnico de Engenharia e Arquitetura, 1944.
2. HÉLIO DE OLIVEIRA GONÇALVES. O Sol nos Edifícios. Rio de Janeiro: F. Lemos, 1955.

Gráficos de insolação

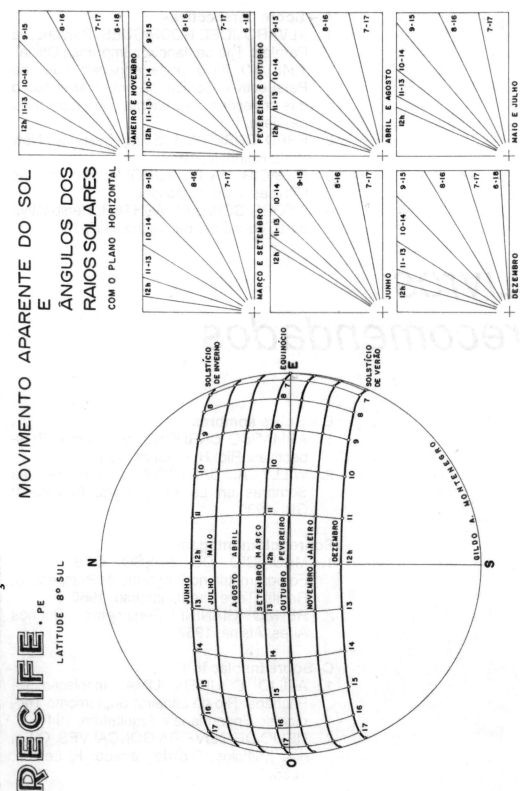

Gráficos de insolação

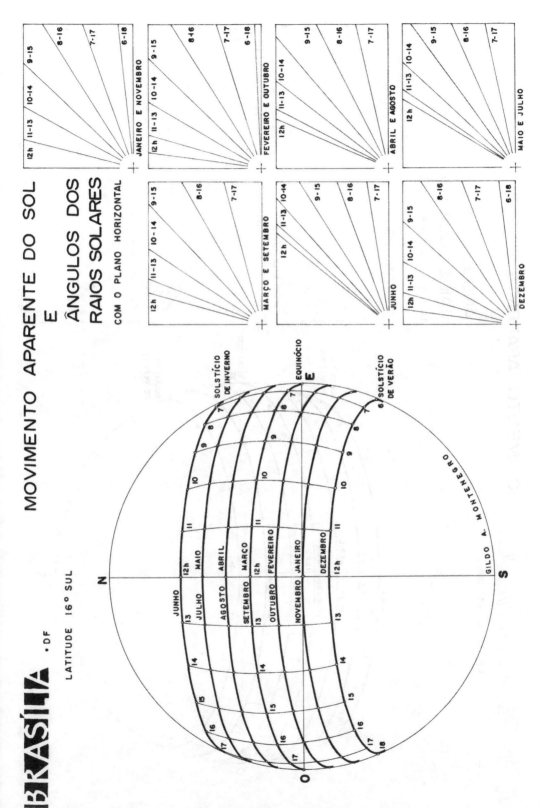

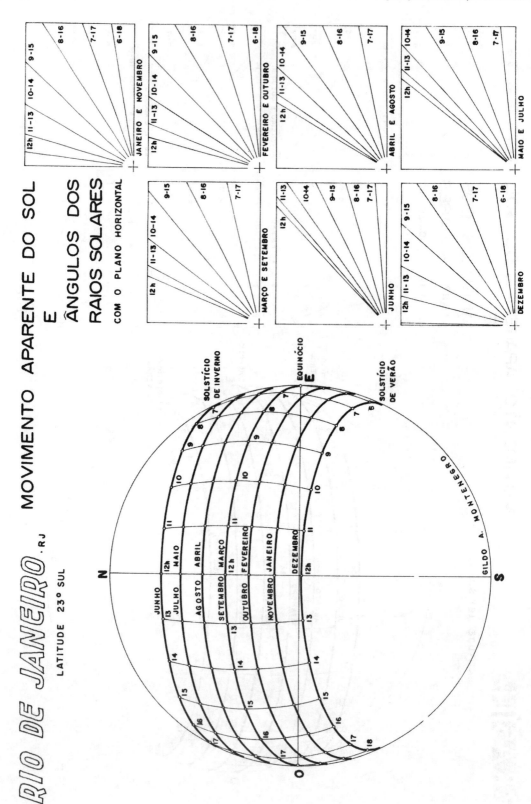

Gráficos de insolação

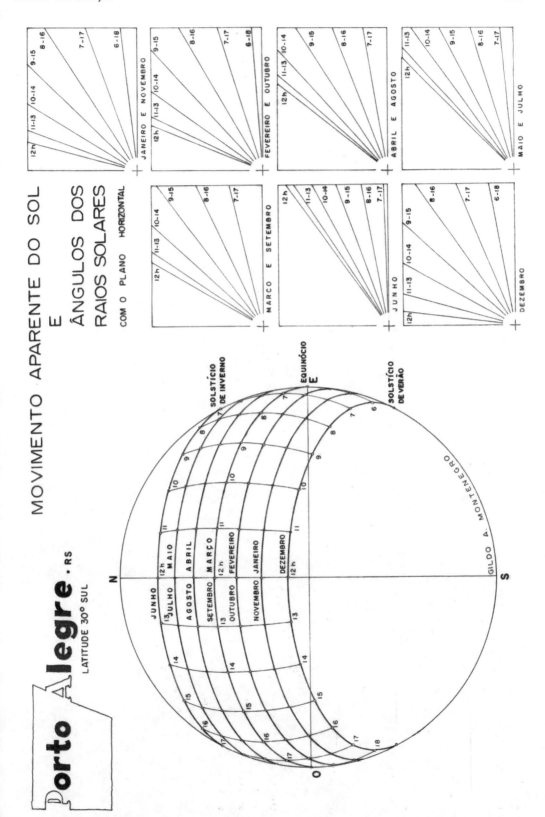